世界五千年
科技故事丛书

卢嘉锡题

世界五千年科技故事丛书

果蝇身上的奥秘

摩尔根的故事

丛书主编　管成学　赵骥民

编著　程启贵

吉林出版集团｜吉林科学技术出版社

图书在版编目（CIP）数据

果蝇身上的奥秘：摩尔根的故事/管成学，赵骥民
主编. —长春：吉林科学技术出版社， 2012.10（2022.1重印）
  ISBN 978-7-5384-6119-0

  Ⅰ.① 果… Ⅱ.① 管… ②赵… Ⅲ.①摩尔根，
T.H.（1866～1945）–生平事迹–通俗读物
Ⅳ.①K837.126.15-49

中国版本图书馆CIP数据核字（2012）第156935号

果蝇身上的奥秘：摩尔根的故事

主　　编　管成学　赵骥民
出 版 人　宛　霞
选题策划　张瑛琳
责任编辑　万田继
封面设计　新华智品
制　　版　长春美印图文设计有限公司
开　　本　640mm×960mm　1 / 16
字　　数　100千字
印　　张　7.5
版　　次　2012年10月第1版
印　　次　2022年1月第5次印刷

出　　版　吉林出版集团
　　　　　吉林科学技术出版社
发　　行　吉林科学技术出版社
地　　址　长春市净月区福祉大路 5788 号
邮　　编　130118
发行部电话 / 传真　0431-81629529　81629530　81629531
　　　　　　　　　　81629532　81629533　81629534

储运部电话　0431-86059116
编辑部电话　0431-81629518
网　　址　www.jlstp.net
印　　刷　北京一鑫印务有限责任公司

书　　号　ISBN 978-7-5384-6119-0
定　　价　33.00元

序　言

十一届全国人大副委员长、中国科学院前院长、两院院士

（签名）

放眼21世纪，科学技术将以无法想象的速度迅猛发展，知识经济将全面崛起，国际竞争与合作将出现前所未有的激烈和广泛局面。在严峻的挑战面前，中华民族靠什么屹立于世界民族之林？靠人才，靠德、智、体、能、美全面发展的一代新人。今天的中小学生届时将要肩负起民族强盛的历史使命。为此，我们的知识界、出版界都应责无旁贷地多为他们提供丰富的精神养料。现在，一套大型的向广大青少年传播世界科学技术史知识的科普读物《世

界五千年科技故事丛书》出版面世了。

　　由中国科学院自然科学研究所、清华大学科技史暨古文献研究所、中国中医研究院医史文献研究所和温州师范学院、吉林省科普作家协会的同志们共同撰写的这套丛书，以世界五千年科学技术史为经，以各时代杰出的科技精英的科技创新活动作纬，勾画了世界科技发展的生动图景。作者着力于科学性与可读性相结合，思想性与趣味性相结合，历史性与时代性相结合，通过故事来讲述科学发现的真实历史条件和科学工作的艰苦性。本书中介绍了科学家们独立思考、敢于怀疑、勇于创新、百折不挠、求真务实的科学精神和他们在工作生活中宝贵的协作、友爱、宽容的人文精神。使青少年读者从科学家的故事中感受科学大师们的智慧、科学的思维方法和实验方法，受到有益的思想启迪。从有关人类重大科技活动的故事中，引起对人类社会发展重大问题的密切关注，全面地理解科学，树立正确的科学观，在知识经济时代理智地对待科学、对待社会、对待人生。阅读这套丛书是对课本的很好补充，是进行素质教育的理想读物。

　　读史使人明智。在历史的长河中，中华民族曾经创造了灿烂的科技文明，明代以前我国的科技一直处于世界领先地位，涌现出张衡、张仲景、祖冲之、僧一行、沈括、郭守敬、李时珍、徐光启、宋应星这样一批具有世界影响的科学家，而在近现代，中国具有世界级影响的科学家并不多，与我们这个有着13亿人口的泱泱大国并不相称，与世界先进科技水平相比较，在总体上我国的科技水平还存在着较大差距。当今世界各国都把科学技术视为推动社会发展的巨大动力，把培养科技创新人才当做提高创新能力的战略方针。我国也不失时机地确立了科技兴国战略，确立了全面实施素质教育，提高全民素质，培养适应21世纪需要的创新人才的战略决策。党的十六大又提出要形成全民学习、终身学习的学习型社会，形成比较完善的科技和文化创新体系。要全面建设小康社会，加快推进社会主义现代化建设，我们需要一代具有创新精神的人才，需要更多更伟大的科学家和工程技术人才。我真诚地希望这套丛书能激发青少年爱祖国、爱科学的热情，树立起献身科技事业的信念，努力拼搏，勇攀高峰，争当新世纪的优秀科技创新人才。

目　录

传奇世家的"变种"

生机勃勃的生物界千姿百态，绚丽多彩，可遗传与变异却是生命的基本属性。中国民谚有"龙生龙，凤生凤，老鼠的子女会打洞"之说；但又有"龙生九子，九子各异"之论，可见，自古以来，人类就自觉或不自觉地一直在探索着遗传与变异的奥秘。但直到20世纪初，一位美国人和他的学生们率先发现基因的相互连锁和交换现象，并证明基因位于染色体上呈直线排列后，才真正为现代遗传学奠定了细胞学基础。由于在染色体遗传理论上的杰出发现，这位美国人于1933年获得了第一个遗传学方面的"医学和生理学"诺贝尔奖。这位美国人就是托马斯·亨特·摩尔根。

托马斯·亨特·摩尔根于1866年9月15日出生在美国肯塔基州列克辛顿霍普蒙一个颇有名望的传奇世家。熟知摩尔根的人都知道：他的家庭带有英国威尔士贵族加伐利尔人的血统。摩尔根对此曾自豪地说自己"有足够的热血使整块盎格鲁撒克逊冷面团得以发酵"，可在美国，在肯塔基，人们对"摩尔根"这一名字的了解，大都源自他的叔父约翰·亨特·摩尔根。

托马斯·亨特·摩尔根的父辈共兄妹8人（6男2女，其中第三个在婴儿期就死去了），他的父亲查尔顿·亨特·摩尔根排行第四，比长兄约翰·亨特·摩尔根小14岁。查尔顿是个英俊、聪明而又有抱负的人，20岁大学毕业后即在美国驻墨西哥领事处供职。美国南北战争开始后，他回到家乡，当起了长兄约翰骑兵队的上尉。摩尔根家中的所有男孩都追随着约翰骑马作战。但仅有一个战死，那就是时年19岁的托马斯·亨特·摩尔根。他起初参加南部邦联军作战，打起仗来大大咧咧，嘻嘻哈哈，似乎视冒险为娱乐。他几次被俘、被关押，但一被交换回来就又立马投身战斗。1863年7月，在肯塔基的一次小规模战斗中，由于他行为鲁莽，约翰命令他离开前线，可冲锋号一响，他又冲上前去，结果被敌人的子弹射穿心脏。

不久，约翰·亨特·摩尔根率领几百名部下在穿越俄亥俄州的一次袭击中被俘。摩尔根兄弟几人均被剃光了胡子和头发，关在俄亥俄州监狱里。

对此，约翰成功地组织了一次空前的越狱行动。他们从监狱牢房中，掘了一条秘密通道。随即，猛地冲过监狱警犬和看守官兵，骑马跨过一条铁路，再穿过北部联盟控制的乡村地区，终于回到自己的部队。他在尾随追军仅距自己一箭之隔的情况下，大声吼叫着穿过家门，吻别母亲。然后，又大声吼叫着从后门冲了出去。

1864年，约翰在军中死去，但这位"南部邦联霹雳大将"的名字却被深深地烙在肯塔基人的心中。1936年，在托马斯·亨特·摩尔根已"功成名就"之时，肯塔基大学在这位因获诺贝尔奖而为肯塔基赢得突出荣誉的杰出人物70寿辰时，决定授予他荣誉头衔。他是1976年前唯一获诺贝尔奖的肯塔基人，但当地一家报纸在报道此事时，仍以"今日将特典'南部邦联霹雳大将'之侄摩尔根博士"的标题，报道了这一庆祝活动。1975年，肯塔基大学新的生物学大楼落成时，自然要以肯塔基最有名望的人来命名，可一家电视记者却津津乐道说这座大楼的命名，是为了纪念闻名于列克辛顿的约翰·亨特·摩尔根。

当小汤姆（托马斯·亨特·摩尔根）出世后，查尔顿原打算给这个孩子取名为约翰，但又考虑到这个名字在历史上会永垂不朽，而在战争中捐躯的"汤姆"，则由于牺牲时地位卑微而不会名彪史册，所以，只期望小汤姆能像其同名的叔父一样，勇敢和高尚，于是便起了"托马斯"这个名字。

小汤姆还有一个弟弟和一个妹妹。他从小就喜欢根据自己的爱好尽情玩乐。摩尔根家族和汤姆外公家族中，从来没见过这样的孩子。他整天东游西逛，吊儿郎当。他还把两个家族中的兄弟姐妹们组织起来，在郊区或别墅周围用自制小网捉蝴蝶，到山区采集各种标本。他曾经和堂弟逮住一只猫，准备解剖它时，猫突然醒来了，怒气冲冲地跳下桌子，逃之夭夭。汤姆10岁时，他把可以独自"支配"的两间房子裱糊一新，将贴有标签的各种自制的鸟类、鸟蛋、蝴蝶、化石、各种石块标本，以及他感兴趣的所有别的生物标本，都陈列在这里。这两个房间成了他的专属领地，家人从不改变这里的陈设。汤姆的妹妹内莉一辈子就住在这两间房子的下面，直到1956年去世，这两个房间里仍然保存着汤姆小时候采集来的那些标本。据考证，在汤姆及其外公等诸家精心保存的家谱中，曾出过优秀的实业家、外交家、律师和军人，但从未出过一位科学家。用汤姆后来建立的遗传学术语来说，他显然是个新的"变种"。

汤姆刚过完14岁生日，便考取了肯塔基州立学院预科，这所学校即是肯塔基大学前身。当汤姆入校时，该校刚由一系列院系分合重组而成，校舍特别紧张。当时，全校234名学生和17名教职工中的大部分人，全挤在一幢租来的大楼里。

该学院有一个让周围居民伤透脑筋的特点，那就是这200余名学生全是男的，他们粗暴的吵闹搅得当地人难得安宁。但学校制度很严格。所有学生都是军官候补生，穿着整齐划一的制服；每周5天、每天1小时军训；学生每天的生活是从早上5点30分起床开始到晚上10点钟熄灯结束；起居作息一律听军号命令；学校在详细制定了189条学生规则之余，还要求教师们开动脑筋，去想出更多的管理规定。为确保学生身心健康和安全，学校还规定，所有学生一律不得带枪和猎刀进校；除教科书外，学生不得在宿舍里私藏任何书籍和报纸。

有了这些严格的规定，平时有点不拘小节的摩尔根经常被学校记点小过，自然不是意外之事了。

作为一名大学生，在古典文学与科学之间必须作一选择之时，摩尔根选择了后者。为科学专业学生开设的课程有数学、物理学等，而最使摩尔根感兴趣的是为期4年的博物学。

在当时，美国大多数学校里，博物学主要是系统植物学，侧重于植物的分类与比较；在动物学方面则更简单。在植物学教程中，还包括卫生和人体生理学，以及地质学和地理学的某些内容，特别是与煤炭有关的那些部分。

通过博物学老师的关系，摩尔根利用暑假曾为联邦地质勘探队工作。野外酷热而艰辛的工作环境，以及对各种矿石枯燥的化学分析，都使得他无意将来去当一名地质学家，但发生在这段日子里的一件趣事，却成了这位未来科学家业余生活中一朵精彩的花絮。

摩尔根16岁时的那个暑假里，有一天，他在进行野外勘探时，突然一个人闯到一家乡村商店里。店前陈设着一个凸肚子小火炉。摩尔根胸前戴着勘探队的徽章，站在小火炉前。店里挤满了满腹狐疑的山里人。他们盯着摩尔根胸前的徽章，开始大声议论说，这种徽章是只有政府税收人员才戴的，而税收人员是专门爱干诸如到偏远的山区去找像煤这样的微不足道东西的人。

对此，摩尔根不恼不愠，他请求店里的一位提琴手奏起水手的号笛舞曲，独自跳起复杂的快步舞，一直跳到敌意的气氛被友好的氛围所取代为止。摩尔根凭着他特有的"肯塔基风格"，终于打破了这种陌生而紧张的局面，从而证明自己不是税收人员。

后来，摩尔根忆起肯塔基州立学院的教学状况时曾说："尽管不少人认为当时的条件很原始，但我们确实受到了很扎实的教育。"

1886年，19岁的摩尔根在肯塔基州立大学获得了理学士学位。大学毕业后，他不想去经商，他知道两年前有位肯塔基大学毕业生去了约翰·霍普金斯大学，在那儿读研究生，而霍普金斯大学所在的巴尔的摩，是摩尔根的母系——霍华德家族的家乡，于是，摩尔根大学毕业后，来到了作为一名生物学家来说很合适的地方——霍普金斯大学。

寻觅乐趣的大学生

在当时的美国，约翰·霍普金斯大学是强调研究生教育胜过大学教育的几所学校之一。霍普金斯大学的研究生基金超过美国当时的任何一所大学，因此，全国各地的不少优秀大学毕业生都被吸引到这里来了。

使摩尔根感到很庆幸的是，霍普金斯大学很重视生物学。在等待开学的日子里，摩尔根来到马萨诸塞州伊普斯威奇湾的一所暑假学校开始熟悉海洋生物学研究工作。初次涉猎其间，摩尔根就感到得益匪浅，饶有趣味，比在地质勘探队有意义多了。

开学后，摩尔根发现，霍普金斯大学是个了不起的新家庭。在该校生物系里，在教师的指导下学习，意味着已让自己跻身于生物学界名家之列。生物系主席亨利·纽威尔·马丁博士曾毕业于英国剑桥大学，曾在英国首屈一指的生物学家托马斯·赫胥黎的指导下攻读生物学；摩尔根的形态学指导教师威廉·基斯·布鲁克斯是哈佛大学身为博物学家和动物学家的路易斯及亚历山大·阿加西斯父子俩的门生。很多应聘而来执教的或访问的学者、教师，他们都带来了各自的传统和影响及学术倾向。因此，摩尔根所处的环境，已不仅仅是霍普金斯大学，而是整个生物学界。在19世纪末，美国生物学界的老一辈们，几乎彼此都相识并相互帮助。有时，他们在理论和方法上有分歧，但在必须提高美国生物学在世界上的地位等方面，却是团结一致的。

新一代的生物学研究者们，在生物学研究方法上，开始探讨活的有机体是如何产生并如何活动的。这就必然要把"实验"提到至高无上的地位。

当时，实验课在美国高等教育界并没有获得普遍重视，但霍普金斯大学生物系主席马丁博士说："生命的过程是不可能在死亡的躯体中观察到的。"由此，霍普金斯大学生物系研究生的教学几乎全是在实验室里进行的。教师们每天到实验室进行指导、督促研究生从事实验工作。尽管教师们也给研究生开列书单，但这里不兴背书、上大课之类的老的教学形式。

对于这批年轻的学者，霍普金斯大学这样引导他们：任何人的研究成果都不是神圣不可侵犯的，即使是本校教师的研究成果也不例外。

事实上，霍普金斯大学当时出现的这种崇尚治学，早在16—17世纪的科学界业已出现。公元1世纪，盖伦曾说心脏里有根骨头；到16世纪，维萨利乌斯解剖了一个人的心脏，发现盖伦是在扯淡。到了17世纪，实验证明心脏还会抽吸血液。亚里士多德认为，雌体只是养育了雄体产生的胚胎；可在17世纪，人们通过实验发现，雌雄双方对新生的有机体具有同样的作用。

独立地研究生命过程的方法，在学术界不断取得令人兴奋的成果。1839年，细胞被证明是生物的基本单位。摩尔根读大学时，欧洲生物学家们又取得了一系列重要发现。传统学者们一直认为精子产生于血液，当精子被证实是产生于睾丸时，他们的震惊是不言而喻的。接着，人们又在显微镜下观察到一个卵子和一个精子的结合，并确认这是受精作用。再后，人们又从细胞核中发现了染色体。

到1887年，研究者们又发现了一个极有趣的现象：蛔虫的受精卵从其父体和母体那里各得一半染色体。到摩尔根涉足生物学研究时，科学家们正准备用实验来揭示神秘的染色体在所形成的胚胎发育中，到底起何作用。

在霍普金斯大学，摩尔根对这种"实验式"的研究方式深信不疑。他开始向他毕生所从事的研究主题推进。在进行胚胎学和再生方面的早期研究工作中，他探究着这样一个重大问题：细胞是如何得到调节和控制的？这一问题吸引着摩尔根极大的注意力。他发现，在一般条件下，幼小的动物不断生长，可长到一定大小时就停止生长了。虽然它还能活好多年，可它的形体再也不会长大了。是什么促使它生长？又是什么让它停止了生长？人们说它自然死亡了，死亡之所以看来是不可避免的，只不过是人们只知道，在通常条件下，死亡总是要发生的。但是如果人们能对这些条件加以改变，难道就不能延长生物的寿命吗？

摩尔根又进一步考虑到：为什么大多动物都有相同数目的雄性和雌性？是不是有一种外界因子在起作用？如果是的话，又是什么因子在调节着这一切？是不是外部的或内部的条件决定着一个卵变成雄性，另一个卵则变成雌性？即使存在着一种内在的机制，它也有可能受到外部条件的影响，无论如何，产生雌雄动物的原因必定是受到限定的。

　　摩尔根家当时的经济状况颇为拮据。他的父亲曾被聘为一家人寿保险代理人，随着他在政界努力的不断失败，他也就失去了固定职业。母亲患有气喘病，一直在一家疗养院治疗，并活到高龄，医疗费之多是毋庸置疑的。妹妹内莉在州立学院预备班学习，弟弟查尔顿一直在无业游荡。

　　在这种艰苦的条件下，摩尔根却取得了优异的成绩。在校第一年，他的生物学成绩名列前茅，并逐渐成为一名专业研究人员，1888年4月，他的第一篇学术论文《甲壳质溶剂的实验》发表在学报上。这篇论文一共两页，报道了用几丁质溶剂溶化了裹在普通蟑螂卵周围角质物的条件。随后，又陆续发表了一些描述性的生物学研究论文。在校期间，摩尔根还获得了一笔每年500美元的研究生基金，这几乎相当于一些年轻教员的一年俸薪，这给摩尔根完成学业无疑带来了极大帮助。

　　取得硕士学位后，摩尔根留在了霍普金斯大学，开始在布鲁克斯的指导下，攻读博士学位。布鲁克斯提议他研究海蜘蛛的种系发生关系在林奈的种的分类中属于哪一类。此前曾有人认为它属于甲壳类，摩尔根通过研究其胚胎发育过程，认为它应属于蜘蛛类。1890年，摩尔根的这一研究成果发表在学报上，共76页，8幅插图，受到导师布鲁克斯的极高评价。也就在这一年，摩尔根在该校获得了生物学博士学位，并同时获得布鲁斯研究基金。

摩尔根拿到这笔基金后，开始了一趟外出旅行，并到欧洲著名的生物研究基地——那不勒斯动物研究所。他在这里逗留了很久，那不勒斯动物研究所给他留下了极好的印象。

1891年秋，蓄着小胡子的摩尔根离开了霍普金斯，到靠近费城的姐妹学校布林马尔学院任教去了。

不称职却称心的大学教师

与霍普金斯大学相反，除了教职员之外，布林马尔学院全是女生。学校创始人奎克斯建校的目的，就是要向妇女提供高等教育的机会。在该校理事会及教员中，有不少是来自霍普金斯大学的，教学大纲也基本上与霍普金斯大学相同。

摩尔根来到布林马尔学院，并首次登上讲台，成为该校生物学副教授。他每周5天有课，每天至少要讲两次课，讲课的内容，主要是普通生物学、普通动物学和高等生物学。每周还要主持一次胚胎学讲座。所有这些课程的实验室工作，也是由他负责。此外，他还要指导攻读博士学位的研究生的学习和论文写作。每隔一周，还要主持一次学报阅读晚会，并讨论最新的生物学文献。

要想轻松处理如许教学任务，捷径便是重复地教授同样的内容。可摩尔根没有这么做，他不断改变授课的内容，以体现其不断研究出的新成果。

但作为一名教师，摩尔根的执教"名言"却是"别管你的教学工作"。后来，他注意到他的一名研究生对教学工作兴趣甚浓时，曾取笑他说："当心，别把自己弄成了老学监！"在他看来，真正的工作，是独创性的研究，而不是课堂教学。他还经常上课迟到，有时甚至就不来。从这一点上说，他是个不称职的老师，但他在希林马尔却一直很称心。

摩尔根在希林马尔的最初三年，工作、生活都是很开心的。他积极参加校内的各种聚会，并经常奔跑在校网球场上。在科研工作中，他按照研究生院的项目要求，开始对柱头虫、两栖类动物的蛙类以及海鞘虫进行描述性研究。他的兴趣仍然集中在对胚胎学的研究上，因此他十分看重一些身形小、数量多的海洋有机体，因为这些有机体几乎都是半透明的。在研究方法上，他更加相信实验的威力了，而且，这种实验的方法成了他一生崇尚的研究手段。40年后，当他获得诺贝尔奖时，他首先的评论就是：这是实验生物学的荣誉。

1894—1895年间，摩尔根荣幸地享受到一年的假期。在这一年的假期中，他离开了布林马尔学院，来到了当时生物学家们的"朝圣地"——那不勒斯海湾动物研究室。

血气方刚的摩尔根手捧文法书，口袋里塞满了意大利钞票，当他来到那不勒斯时，当地人因为他父亲任墨西哥领事时的高尚行为而热烈地欢迎这位领事的公子。摩尔根面对热情奔放的意大利人，激动地表示准备娶一位意大利公主做太太，可事实上，他的激情很快一股脑地被吸引到那不勒斯实验室。

在这个实验室里，摩尔根与几位生物学同仁一起，开始对发育的实验研究感兴趣。当时人们认为，发育是一种分裂和演变的过程。一个细胞本身分裂成相同的两个，而每一个子细胞本身又分裂成相同的两个，如此反复，要经历50次，而所有子细胞，全都处在同样的环境中。那么，形成身体各个不同部分的神秘变化，即某些子细胞变成了骨骼；某些子细胞变成了血液；某些子细胞又变成大脑，这究竟是怎么回事呢？

摩尔根开始用一种简单的仪器，着手研究若干种内部和外部因素对卵的发育过程的影响。为研究引力对卵发育的影响，他用水力发动机提供动力，将一辆自行车放成轮朝天，拆下前轮车胎，把一根细绳从发动机的轮子上引出来绕自行车车轮一圈，使车轮缓慢转动。把卵置于大试管中，用塞子塞住管口。然后将这些试管捆扎在车轮的钢丝上。试管里几乎装满了水，但在顶端留着一个大气泡。当试管转动时，气泡就从试管的一端跑到另一端，从而每转动一圈，水和卵就翻动两次。

这些实验逐渐养成了摩尔根终身不依赖高级设备的良好品质。而且，从这些看似简陋、甚至笨拙的实验中，却产生了科学史上一些重要的成果。

对细胞如何发育成有机体，当时学术界有两种观点。一是先成论，也叫嵌合说，即细胞变成一个完整的生物是天生的、注定的，每一个细胞中有着一种像小人一样的东西，它会自动地伸展，并最终长成一个成人。另一种是后成说，它认为发育有赖于与卵中的物质成分发生相互作用的种种力量。而在整个发育过程中，可能会发生细胞质、外界环境及细胞核之间复杂的相互作用。

如果真如"先成论"所言，一切都是天生就形成的，那么发育就会一成不变地进行着，那么动物学家的研究，除了弄清种族的历史如何在个体发育中不断再现之外，就别无他事可做了。与此相映成趣的，是"后成论"学说的活力，按照这一学说，人们可以用实验的方法来研究发育的过程。

1888年，胚胎学家鲁从实验中发现：当蛙卵的两个子细胞中有一个被杀死时，剩下的这个细胞发育成一个不完全的、缺少一半的胚胎。由此，鲁坚信，细胞核定性分裂，使子细胞中各潜在部分形成了像镶嵌图案一样的布局。这样，合子的第一次分裂就把身体右侧那些细胞的部分与将变成左侧的那些细胞部分分开，而身体各部分以后的发育就取决于卵的最初几次细胞分裂。

到1891年，另一位胚胎学家汉斯·德里奇也做了一个这样的实验，发现单个海胆卵子细胞并没有形成半个胚胎，而是发育得很正常。因此，若是细胞的1/2或1/8具有与原先整个卵相同的潜在力，甚至具有识别环境改变的能力，那么，在细胞质与整个环境之间，必定存在着一种比"先成论"学说所设想的还要复杂得多的相互作用。

像这样，不同研究者的不同发现，多年来一直相互矛盾，有的甚至相对立，摩尔根在那不勒斯以及后来在布林马尔单独工作时，都一直通过实验对卵和胚胎进行刺激，试图否定镶嵌学说。1895年前，他用白鱼进行实验，成功地证实了单个子细胞可正常发育。接着，他又用鳉鱼的二细胞胚胎做实验，试图想了解半个或1/4的胚胎能长成一个完整个体的各种力量所在。结果发现，如破坏其中的一个细胞，就会产生一个不完整的个体；但如果将剩下的细胞倒置，或震动，或离心分离，就可恢复正常的发育，并产生一个完整的个体。

在研究海胆卵时，摩尔根发现，加入氯化镁或高渗海水，可以人工促使卵高速分裂。而通常卵的分裂过程，需要有一个精子才行。后来，摩尔根的同事雅克·洛布把摩尔根曾一直使用的盐溶液稍作改变，便于1899年成功地用人工方法促使卵子发育。洛布在此基础上继续研究，终于培育出无父亲的正常幼虫、蝌蚪、雄蛙和雌蛙。这一单性生殖研究的重要成果无疑使整个生物学界受到震动。后来，有人认为这一功劳不应让洛布独自占尽，可摩尔根对此却毫不在意，仍然与洛布是好朋友。

总之，在那不勒斯，摩尔根感到十分愉快和有收益。他曾把这个实验室称作不断能翻新花样的万花筒。这里有来自世界各地的教授、学者和研究人员，而且每个人都有他（她）自己独特的研究方法和兴趣。可想而知，当这些成员济济一堂时，必定要在思想和学术上产生争论，而在这些争论中，人人都会有所收益。

1895年，摩尔根回到布林马尔。这时，他由生物学副教授晋升为教授。同时，他感到，美国人在生物学研究方面太闭塞，特别是缺少一个具有那不勒斯水平的海洋生物研究中心。于是，在以后的几年里，他考察了好几个美国海洋生物研究站，最后，还是对伍兹霍尔海洋生物研究室进行了一场重大变革。推举了实验室董事会具有全国性的、几乎都是科学家的新理事会，摩尔根也是其中的一员。从此，直到1937年，摩尔根一直在这个理事会中任职，在他去世以前，他还是位名誉理事。

这段时间里，摩尔根开始把研究的重点兴趣放在"再生作用"上。这种兴趣的转移，主要是在研究细胞受损伤时产生的，因为半个胚胎能长成一个完整的胚胎，乃是一种再生或复原现象。摩尔根想弄清楚，这种再生现象在什么条件下发生，又是什么因素在促使其发生。

摩尔根注意到，当一只动物长到它这一种类的特定大小时，它就停止生长了，好像是其体内细胞已丧失了进一步生长的能力，但又有许多动物能再生其丧失的部分，这表明生长的停止不是由于丧失生长能力的缘故。

一切有血动物，一生中不断再生红细胞；所有动物在其一生中不断更换其皮肤表层的裂缝；某些动物如蠕虫和蜗牛，将其肢体或头部截去后，它还能长出新的来；而另一些如老鼠或人，则不能。这些现象是受什么力量控制的呢？未来的摩尔根夫人——莉莲·沃恩·桑普森做了一个这样的实验，把蜗虫切成一段一段的，然后再把它们接起来，结果，它们会重新长在一起。如果接头处没接好，即有活组织暴露在外，那么，就会在这个活组织部位长出一个新的头或新的尾巴；如果将其中一段倒过来接，那么，会在移植接头处长出两个头，每条虫一个头。

摩尔根自己也做了类似实验。他把一种水母切成几段后，切面很快会愈合，并长成钟形。他又将鱼的尾尖或蚯蚓基部切除，结果发现，被切掉的部分会慢慢再长出来；如果切得多一点，它们就会长得快一点，而且生长速度不受动物进食量的影响。

那么，这些动物被切掉的一端怎么"知道"要长出一个新的头或新的尾巴呢？摩尔根的推测大大发展了生物学中的"梯度学说"。他认为，张力或物质从水螅体到生殖根（或从头部到尾部）呈梯度分布，从头至尾，由高及低，切除其中的一部分便会扰乱这种梯度分布状态。移植得好，张力恢复了，再生就不会发生，如果不加移植，身体初切割部位上的细胞就"知道"要进行再生，当这些细胞后面的压力减小时，它们就长出一个头来；反之，压力增大，它们则又长出一条尾巴来。

这些再生作用的研究，在摩尔根看来，是回答卵如何变成一个成熟个体问题的一种尝试，虽然梯度学说已部分地回答了这个问题，但更多的问题仍然是个谜，摩尔根的一生，直至1945年逝世，仍在从事再生问题的研究。

1903年，正当摩尔根在执著地研究胚胎学和再生工作时，他的朋友威尔逊邀请他去纽约任全国实验动物学首席教授，这就是哥伦比亚大学。这位声名赫赫的生物学家曾说："我对哥伦比亚大学遗传学工作的唯一贡献，就是发现了摩尔根。"

决定去这所比希林马尔学院规模更大的学校，成了摩尔根科研事业上的一个转折点。

在进化研究中破雾直航

历史的脚步刚刚跨入20世纪，遗传学发展史上便揭开了崭新的一页。1900年，伟大而孤寂的遗传学家孟德尔的杰作《植物杂交试验》在淹没尘世的半个世纪后，被世人发现。这标志着近代遗传学的开始。

孟德尔通过豌豆杂交实验发现，不论父本的性状还是母本的性状，都显而易见，而不是处于二者的混合状态。下一代中，父母双方的性状都会出现，并以一定的比例表现出来。

孟德尔的论文被发现后，在科学界立即引起强烈反响，科学家们纷纷议论，他的定律到底对不对？如果对的话，它到底有多大的普遍性？整个进化理论，犹如一团迷雾，不少研究者懵懵懂懂，迷失其中。可摩尔根却坚定自己的研究途径——实验，破雾直航。

摩尔根起初认为孟德尔定律是对的，因为它建立在可靠的试验基础之上，几乎是实验记录及总结。1903年，摩尔根在他的《进化与适应》一书中写道："从近年的研究结果看，孟德尔试验结果的重要性及广泛的适用性是显而易见的……孟德尔对他的试验结果所作的理论解释十分简洁明了，令人毋庸置疑。"

接着，在证明孟德尔定律正确与否的一些实验中，摩尔根发现，孟德尔理论并非完美无缺。他在用家鼠与野鼠进行的杂交实验中发现，腹部为白色、两侧为黄色的家鼠与野鼠繁殖的后代，毛色显得毫无规律，这表明生殖细胞还"带有其他颜色"。

由于这些实验与孟德尔定律的结论难以吻合，到了1909年，摩尔根自感当初对孟德尔定律信奉过了头，并对全盘接受孟德尔观点的人产生不满。他曾这样写道："在对孟德尔学说的解释中，事实却被人们说成了一种因子。如果这种因子不能解释这些事实，那么，第三种情况便应运而生。事实上，这种为解释结果而采用的绝招，研究者是不应天真地加以接受的。否则，我们将被一种司空见惯的事实视而不见，即这种结果之所以能'解释'得如此无懈可击，乃是因为这些解释是专门为说明那些结果而挖空心思想出来的。事实上，我们应该将其颠倒过来，即用因子去解释事实……配子里的因子分离假说是一种十足的先成论的观点……而后成论的观点却有一个很大的优点，即它为进一步的研究敞开了大门，科学的进步常常就是以这种不断研究的方式取得的……卵，无须含有成体的性状；精子也一样。卵和精子各自均含有一种特殊的物质，在发育过程中，这种特殊的物质以某种尚未为人知的方式，产生出成年个体的性状来。"

摩尔根在确认孟德尔定律并对其不完满之处提出质疑的同时，开始形成他自己的交替显性理论。他说："两种交替性状的状态可同样被认定为交替稳定状态的产物。在同一个个体中，显性与隐性性状都可能出现。例如，褐色和黑色小鼠产生孟德尔式的结果，但我却获得了前半身为黑色和后半身为褐色的小个体。另外，黑眼睛和粉红色眼睛小鼠杂交，按孟德尔定律，可产生一定比例的黑眼睛和粉红色眼睛的后代，可我却获得三只小鼠的眼睛，都是一只为黑色，一只为粉红色。"因此，摩尔根认为，在这些杂合体中，局部条件可决定其在一定时期表现出隐性性状。

摩尔根在对孟德尔理论渐渐失去兴趣的同时，对生物的突变学说却表现出相当的激情。1886年，荷兰植物学家德弗里斯发现了一种能产生出新种而繁殖成纯种的月见草，他把这种新种叫做突变种，并进一步认为这可能就是自然界产生新的生物种类的一种普通方式。

如果新的物种真是由这种"突变"形式产生的，那么，就用不着任何别的理论来解释生物的多样性了。有关这方面的理论，当时还流传着一种古老的说法，即公元前4004年，上帝用6天时间创造了天地间各种完整无缺的生物。但这一理论，遭到了达尔文支持者们的无情抨击。

达尔文主义者的观点主要是进化论的观点。达尔文发现了进化现象，但对进化现象的解释却是生物学研究的又一重要课题。达尔文认为，马尔萨斯人口论学说中的观点，也适用于整个生物界。一旦产生了过多的后代，那么，在其激烈的夺食斗争中，适应性最强的个体才能生存下去。

但达尔文很快就遇到这样一个问题，长颈鹿较之其他类更易生存，乃是因为其脖子长，觅食范围广。可长颈鹿怎么会一生下来就有长脖子呢？它的长脖子在其种族中是如何遗传并保存下来的呢？

达尔文认为，这是动物因缓慢意愿而产生的适应性所导致的，这就是进化论中关于自然选择的内容。进化的问题也是当时全世界都在争论的问题。摩尔根从上大学开始，一直对进化论保持着浓厚的兴趣，他认为，进化论能否得到证实，必须通过实验才能解决。

摩尔根认为，卵演变成成熟个体这一课题，完全可以用实验的方法加以研究。至于子代从其父母身体中获得与其父母一样的体格、技能或习惯的所谓"获得性性状遗传理论"和达尔文的自然选择理论的成立与否，都应当通过实验来加以研究，因为实验才是真理的唯一源泉。为此，他写过5本关于进化论的专著，其中第一本即是1903年出版的《进化和适应》。在这部专著中，他详尽地描述了自己在这一时期的哲学态度。书中献题是"谨献威廉·基斯·布鲁克斯，以表由衷的钦佩与尊敬。"摩尔根一生中，共有21本专著，其中带献题的只有3本。除《进化和适应》一书中有之外，第二本是献给其母亲，第三本是献给威尔逊。布鲁克斯是摩尔根过去的老师，他对达尔文的进化论学说推崇备至，但在共有470页的《进化和适应》一书中，摩尔根表述了对达尔文学说的反感。书中主要是评价达尔文进化论的论据，他断言达尔文关于生存斗争的证据是错误的。他在书中这样写道："当食物供应枯竭时，无数个体（细菌）仍然存在，它们全都进入了一种保护性的休眠阶段。"他说："我认为，以全新的眼光来看待进化过程的时刻已经到来。大自然就造了丰富的生物新种类。在这些新种类中，有一些将设法找到一个它们可以继续生存的环境……有些新种类可以很好地适应某些环境，并在那里繁殖繁衍；而有些则勉强维持朝不保夕的生存，它们不仅不适应所在的环境，也找不到一个适合它们生存的地方；还有一些连发育的地方都找不到。根据这种看法，进化过程并不像人们通常想象的那样，唯有置生物于死地进化才能发生。因此，进化过程不是破坏或消灭大量的生物个体，因为适应力差的个体连发育都做不到。进化并不是一切反对一切，而主要是在自然界尚未被占据或占据得不好的地方创造出新的种类。"

当时，有很多生物学研究者坚持达尔文的进化论和自然选择观点，并作了精彩辩护，但具体的事实总比任何精彩的辩护更容易打动摩尔根。当他在20年后来到英国牛津大学访问时，他对进化论及自然选择学说的观点发生了重大变化。该校生物学研究牵头人赫胥黎在许多昆虫中拿出了一些足以说明适应性变色的代表性标本，从而很确切地揭示出自然选择一说。摩尔根看呆了，他在这些动物标本面前踱步深思，并由衷地叹道："这太奇怪了，我真不知道世界上还有这些东西！"可以断言，到此为止，摩尔根已转而相信适应性以及在产生这种适应性过程中自然选择的效力了。

　　事实证明，摩尔根已逐渐按照达尔文的思路来接受进化论的观点了，但他在接受进化论主要论点的同时，仍保留着一些自己的看法。他在最后一本关于进化方面的专著《进化的科学基础》中写道："自然选择学说的含义是，通过从群体中选择出一些极端的个体，使其下一代沿着同样的方向得以进一步发展。这一点，现在已知道是错误的。无论是遗传因素，还是环境因素，都不能带来这种进展。没有这样一种先决条件，自然选择就不足以带来进化。另一方面，如果由于遗传因子超越原先限制发生变异，即产生突变体，那么，它们就会为自然选择提供带来渐进变化的物质环境，但这并不是说自然选择与新种类的出现有关。有些新种类可能会具有生存价值，只是由于已逐渐不适应环境的种类灭绝后，较为适应的种类就有了生存的空间和环境。如果曾经出现过的突变体全部活下来，并传下与其类似的后裔，那么，我们应当发现，现在描述过的所有动植物种类，今天全都活着。这种观点表明，即使没有自然选择，进化照样会发生。"

摩尔根的这种看法，得到了赫胥黎的赞同。他在1942年出版《进化：近代的综合法》一书时，献题说："谨献托·亨·摩尔根：生物学多方面发展的领头人。"

摩尔根在《进化的科学基础》一书中，还说到进化应通过胚胎学而不是古生物学予以证明，因为他一直认为自己是从胚胎学的角度在研究生物学的。

1903年，摩尔根从布林马尔学院来到哥伦比亚大学后，在胚胎学研究方面做了一些实验。他把海量精子放在氨、前列腺液和盐类溶液中加以刺激；将不同种的各类海胆放在一起进行杂交，结果表明，其成活率受到当年的季节和水温的影响。他一直对后成论学说感兴趣，因此便设法削弱关于细胞核及染色体的显性作用的假说。他说，大多数胚胎学家倾向于将各种作用归因于细胞核，他们认为细胞核主宰了原生质中的一切变化。相反，摩尔根却认为没有什么证据能说明这种作用来源于细胞核，可能是来自于精子一同进入的细胞质。为此，他引述了德里奇的科学发现，即胚胎的分裂方式、分裂速度以及早期所有的发育现象，都显示了卵子的特性，与所用的精子类型毫无关系。

这些实验使摩尔根自然而然地提出这样的问题：如果细胞核中的染色质具有控制一切的作用，那么，父方的因素为什么出现滞后？于是，摩尔根开始探讨染色体是否决定生物性别的问题。

孟德尔曾在1870年提出性别的决定作用可以被证明是遗传与分离作用的一种现象。但这一观点与孟德尔的其他学说观点一样，一直不为人们所理解，更得不到应有的重视。摩尔根在这一时期也提出：基因是如何决定性别的？起主导作用的，到底是雄性还是雌性？

当时的细胞学家们对这一复杂的生物学问题并未产生多大的兴趣，而开始提出染色体是否以某种方式决定着性别？因为，细胞学家们已经发现，一种性别中的绝大多数染色体都是由相同的两条构成的对子，但只有一对例外，这一对染色体被称为X和Y。当时的许多人包括威尔逊在内，都认为很可能是它们决定了生物体的性别。

但也有一些实验的结论好像与此不相一致。像牡蛎，当气候条件变化时，其性别也发生变化；像蚕，当环境因素改变时，其子代的雌雄比例也发生变化；像两性体的蚯蚓和各种雌雄嵌合体植物，都是雌雄同体。在英国，有实验表明，雌性的蛾和鸟，具有一个X和一个Y染色体，而不是两个X染色体；而在美国，很多昆虫实验表明，雄性是XY或异型配子体性别。在一些同类昆虫中，这种实验结果的差异表现得很混乱，它们中既有未受精卵产生雄体的英国型，又有产生雌体的美国型。

认为精子既带X染色体又带Y染色体，从而决定了性别的简单看法，在证明存在着单性生殖的现象后，便更难令人接受。当时已有人通过试验的方法，产生了雌性和雄性青蛙，因此，怎么能说精子起着决定性别的作用呢？

对于这一问题，摩尔根越来越感兴趣。从来到哥伦比亚大学开始，他便开始研究当时关于性别决定机制的各种流行学说；1906年后，他开始了一项为期7年的蚜虫研究，这是一种专叮葡萄的小蝇，它通过单性生殖，既能产生雄体，又能产生雌体。但在1910年前，他的研究结果似乎与染色体的性别决定作用不相符合。摩尔根在研究自我受精机制时说："我对很多动物进行了一系列研究，以期发现这一受精作用是由什么引起的。将卵浸在另一个体的血液或卵巢的浸出液中来使其自我受精是不可能的；反之，将精子浸在另一个体的血液或睾丸浸出液中，以使它进入自身产生的卵中，这也不可能。"摩尔根发现这种实验的结果很复杂并难以解释，这一问题也成了他毕业研究的课题，直到临终时，他的这种研究都并未停止。

让果蝇成为科学史上
最著名的动物

　　摩尔根在科研工作中的一个很大特点，便是同时进行很多实验。1908年，他在哥伦比亚大学进行各种胚胎学研究实验的同时，要他的一名叫佩恩的研究生做一项关于果蝇的实验。在摩尔根同时进行的多种实验中，有不少做进了死胡同，但果蝇的这项实验，却使他获得了生物学研究中的杰出发现。由此，果蝇也成了科学史上最著名的动物之一。

　　摩尔根要佩恩在暗室中饲养果蝇，希望能得到一种处在这种环境中的果蝇，因眼睛不用而退化，并在其后代中消失。此前，佩恩曾用瞎蜥蜴和印第安无眼穴居鱼进行过有关研究，因此，摩尔根提议他做一个这样的果蝇实验。

果蝇又名醋蝇、果渣蝇及香蕉蝇。其名称是因这种小蝇当初被从北美招引来时所用的水果名称而定的。为了收集果蝇，佩恩在实验室窗架上放上一些香蕉。果蝇被招来之后，便开始一代一代地繁殖。果蝇被放置在一个终日不见光线的实验中饲养，但一直毫无结果。当第69代果蝇眼睛出现昏花现象而乱窜时，佩恩立即叫来摩尔根，让他看这似乎是成功的结果，可这一代果蝇很快就恢复了视力，并向窗户飞去。师生俩在一阵兴奋之后，很快又恢复了平静。

但是，这种并不知道会产生什么结果的实验仍然进行着。果蝇因其繁殖快、食物便宜而在哥伦比亚大学的一间实验室里被大量饲养着。这个实验室很快就被冠以"果蝇"之名。它面积近60平方米，墙边靠着每个都装有成千上万只果蝇的小奶瓶。

与此同时，摩尔根还与佩恩一起用果蝇做了一项诱发突变的实验。1904年，生物学家德弗里斯曾提出可通过人工方法诱发突变的观点，他认为，可以用具有穿透功能的伦琴射线和居里射线来改变生殖细胞中的遗传粒子。可能是受德弗里斯这一观点的启发，摩尔根和佩恩俩用了整整两年的时间，用X射线、镭、大幅温差变化、盐、糖类、碱类等因素，来刺激果蝇，可一直也未引起突变。于是，摩尔根有点绝望了。他在实验室里挥动着双手，指着那装满果蝇的一排排瓶子说："两年的研究工作泡汤了。这两年，我一直在繁殖这些果蝇，可是却一无所得。"

但是，两年的研究空白并没有使对果蝇的研究进入死胡同。约在1910年5月，摩尔根的"果蝇室"里诞生了一只白眼雄果蝇，而它的兄弟姐妹们的眼睛都是红色的。显然，这个"白眼睛"是个突变种。

它从何而来？摩尔根认为，这是他们诱发突变的成功。他说，在这只"白眼睛"出世的同一个月里，他用放射线处理了不少果蝇成虫、蛹、幼虫和卵，并说他的大量翅膀突变型果蝇都与他用镭处理过有关。但当时在美国自然博物馆工作的弗兰克·E·卢茨则说，这只白果蝇成果有他的一份，他说："托·亨·摩尔根教授访问我曾工作过的冷泉港卡内基实验室时，我告诉他，在一种有血统来历可查的种系中，曾出现过一只白眼果蝇，但由于我忙于研究果蝇的反常翅膀，所以无暇顾及它。摩尔根带走了这只白眼突变种的活的后裔，并用它们进行繁殖，最终获得了白眼果蝇。那时，我要是意识到这只突变种有多大价值时，我才不会乐意送人呢！"

摩尔根不接受这种说法。他说自己确实从卢茨那里要过一种果蝇培养种，但卢茨的白眼果蝇并不在其内，因为那只"白眼睛"被发现时就已死亡。也不存在"白眼睛"的后代，因为如果有，在其下一代中会产生不少白眼果蝇，但实际上一只也没有出现。

据说这只白眼果蝇是在摩尔根的第三个孩子出世前突然产生的。他的第三个孩子长得很好，可这只白眼果蝇却很虚弱。摩尔根晚上把它从实验室带回家，让它睡在床边的一只瓶子里，白天再把它带回实验室。它临死前，精神抖擞地与一只红眼睛果蝇进行了交配，把突变基因传给了后来发展成为庞大家族的果蝇。

10天后，这只白眼果蝇产生了1240只后代。用孟德尔学说原理来解释，所有后代均应为红眼睛，因为红眼对白眼是显性。可奇怪的是，在"白眼睛"的第一代果蝇中，却出现了三只白眼雄果蝇。

从遗传学角度而言，这几乎是不可能的。摩尔根认为，这3只白眼果蝇的产生是突变作用引起的。事实上，这可简单地解释为"没有分离"或实验室管理不严有别的果蝇类侵入，要么就是卢茨说摩尔根曾从他那里接受了白眼果蝇是对的。但是，如果卢茨的白眼果蝇确实活过一段时间，并曾繁殖过，而且，在他给摩尔根的培养种中，有一只是该白眼雄果蝇的雌性后代，那么，这只果蝇是会继承一个白眼基因和一个红眼基因的。这只雌果蝇应该有红眼睛，因为红眼基因是显性。但在它的下一代里，任何继承了白眼基因的果蝇都应具有白眼睛。要了解为什么是这样的，那么，至少得等到另一代果蝇产生的时候。

10天后，下一代果蝇出来了。当白眼果蝇的子代彼此交配时，其结果则与孟德尔法则相符，一共有3470只红眼子代，782只白眼子代，基本上是每4只之中就有1只继承并表现出隐性状态，两代果蝇中都没有出现混合遗传现象，不同的亲本性状分离得很好。

摩尔根立即将这一繁殖结果写成论文《果蝇的限性遗传》，1910年7月22日，这篇关于果蝇的第一篇论文发表在《科学》杂志上。它为用果蝇实验证实孟德尔遗传原理的正确性开了先河。

但是，紧接着的一次实验便出现了一个异常结果。按孟德尔原理进行推测，在果蝇的第二代中，应各有1/4的雄性和雌性表现出隐性性状。可摩尔根发现实验结果不是这样，雄蝇中一半是红眼，一半是白眼；而雌蝇中却没有白眼，全部雌性一律都是红眼睛。

那么，白眼果蝇中为什么会出现这么多雄性呢？接着的实验回答了这个问题。当一只白眼雄蝇与一只正常雌蝇交配时，全部后代均为红眼；当一只白眼雌蝇与一只正常的雄蝇交配时，其后代中的一半是白眼，而且都是雄蝇。显然这种白眼基因并不像孟德尔所说的其他隐性性状，其结果是要受双亲的性别影响的。摩尔根对此所作的解释相当复杂，后人研究发现，其中有的细节是错误的，但结论却是正确的，即决定眼睛颜色的基因与决定性别的基因是结合在一起的，即后来生物遗传学中所说的"连锁"。

摩尔根已经知道，雌蝇有两个X染色体，雄蝇则只有一个，但能不能确定X因子就是X染色体，摩尔根还举棋不定。其原因首先是他不喜欢假设，而当时的染色体理论就是一种假设。其次，他的实验结果与当时英国人做的蛾类和鸟类的研究结果相矛盾。英国人的研究结果表明，某些性状经常见于雌性个体中，这意味着雌性只有一个X因子，而雄性则有两个X因子。再次，摩尔根认为假设发育是由一组主宰一切的染色体所决定的理论，与先成论观点一脉相承，而这种学说错误地否定了环境和细胞质对生物遗传的影响。还有一点，就是关于染色体的实验表明，染色体好像不是控制一切遗传的基质。染色体的数目，因不同的生物而有异。如果蝇有8条染色体，而金鱼有104条，一种西班牙小蝴蝶有380条，狗和鸡各有78条，马有64条，人有48条（1956年后被研究认为46条）。摩尔根还说："由于染色体数目小，而个体的性状却十分繁多，根据这个理论，许多性状势必包含在同一条染色体中，因此，许多性状必定随之一并'孟德尔化'。各种事实与该假设中的这一先决条件果真一致吗？我看不尽然。"

随后几个月的实验中，又出现了另外4种眼睛颜色的突变种。有粉红色眼睛，这种类型的分离与性别无关，与白眼无关；而朱红色眼睛的果蝇则受到性别制约，表现出与白眼睛相同的分布情况。于是，摩尔根说："如果正如事实所表明的那样，粉红色的因子存在于遗传机制的另一部分中，而白色因子则不然，那么，为什么在一般情况下（白色和粉红色），存在着限性遗传，而在另一种情况下（红色和粉红色），则存在着另一类遗传。换言之，白色因子是与决定性别的因子联结在一起的，而粉红色因子则存在于细胞的别的部分中。这个证据似乎向我表明：限性遗传现象是由于在性别因子和所论及的其他各种因子之间存在着密切的物质联系所引起的。而最明显的联系则为在既带有性别因子，又带有受性别限制的那些因子的染色体中所发现的这种关系。"（见《科学》杂志，1911年第33期第536页）

就在同一篇文章中，摩尔根说自己已完全相信，果蝇突变实验是按孟德尔原理所说的那样发生的，"对于每个留意到这些新类型的历史、其性状的'分离'，以及在大多数情况下缺乏中间类型的这一现象的人来说，有一个事实颇为令人注目"。（同上，第496页）

不久，实验进一步证明，基因是成群地一起遗传下来的，其群数与染色体条数相一致。由此，人们认为，基因很可能就是染色体的一部分。

进一步的实验使摩尔根颇感兴奋。因为，一连两年的果蝇实验，未曾让摩尔根获得一个突变种，可两年后，几乎每月都有一两种新的突变型出现。从实验记录中看，在1910年白眼果蝇出现之前，曾出现过一只胸部带有呈三叉戟形黑斑的果蝇；还有一只躯体呈橄榄色；第三只翅膀呈串珠状；还有一只翅膀根部带有不同寻常的颜色。可是，摩尔根似乎把这些仅仅看成是新果蝇的一种特殊而无关紧要的"胎记"，而没有把它们看成是应珍视的特例。但五月份之后，突变型竟然如此频繁地出现，这使很多研究者不禁要问：此前摩尔根是否并未用镭处理的方法来增加突变率。这个问题现在已搞不清楚，因为当时摩尔根实验的重点是关注特殊突变的规模，而不是出现率的精确计量。摩尔根尤为关注的是全部新果蝇的分类和交配，因而，他的实验记录肯定不会着眼于回答这一突变问题。作这种推测是有据可依的，他在给学生莫尔（后来成为他的同事）的一封信中说："现寄上有关上次所送原种的简短说明。那是在我培养的果蝇里新产生的一种平头变种。但它到底来自哪一种培养蝇，我现在连想也想不起来了，尽管我可能在什么地方存有一份记录。"

到1912年末，已发现能与普通果蝇明显的新类型40种。这些突变种一经被发现，就用来进行交配，先让它在子代的兄弟姐妹中进行交配，然后，再与每一个亲本交配，并与其他变种交配。就这样，繁殖出具有为研究工作所用的各种基因的果蝇。

这成千上万的果蝇大多被放在摩尔根从哥伦比亚大学自助食堂"借来"的一种小玻璃瓶内。实验所需的果蝇数量如此之多，而又要求计量准确，那么，怎么来数清这些一刻也不停乱窜的果蝇呢？摩尔根和他的合作者们用乙醚把新的子代麻醉在瓶子里，然后将被麻醉的果蝇摊开，用手握透镜或简单的显微镜进行计数。数完了就把它们拧死。如果还想做进一步的实验，就将它们再放回瓶子里，等它们醒来后，再让它们饱餐一顿烂香蕉。因为每次实验都需要对成千上万的果蝇进行计数，所以，在哥伦比亚大学附近，人们常常能看到一些学生带着一瓶瓶的果蝇回家，那是为了回家后在厨房或餐桌上计数果蝇。这种工作虽枯燥，但没有人嫌烦和看不起它。有一次，有人问摩尔根一个学生的孩子："你爸爸是干什么的？"这个孩子自豪地答道："我爸是替哥伦比亚大学数苍蝇的！"

　　如果说要数清成千上万的果蝇和观察到实验中的反常现象是艰难的，那么，要对导致观察结果的种种看不见的机制作出合理推论，那就更难了。摩尔根和他的学生们绞尽脑汁，通过在果蝇中转移基因的一系列实验，来加速对遗传规律的观察和推理的过程。

　　摩尔根通过实验，断言在显性基因和携带性别因子的染色体之间存在着某种关系。他在一篇文章中说他发现了一种小型翅膀的果蝇。这种突变还表现出与白眼果蝇一样的遗传模式，即是性连锁的。至此，摩尔根已拥有果蝇的

3种因子，即白眼、朱红色眼和小翅膀。这些因子显然就处在携带性别因子的同一染色体上。

但不久，摩尔根又发现，正如他料想的那样，这些分离成3类的几十个突变种与果蝇中的3对大染色体是一一对应的。

摩尔根对这一可喜发现依然感到诚惶诚恐，因为如果大染色体与连锁群呈一一对应关系的话，那么，果蝇有4对大染色体，那又如何解释呢？虽然果蝇的第四对染色体很小，但到1914年，摩尔根还是预测到第四个连锁群的存在。他的学生米勒很快发现了弯翅膀，即第四对染色体上的第一个基因。后来发现只有少数几个基因是与弯翅膀这种性状相分离的。因此，在每一连锁群中，基因数目与它们所从属的染色体对的长度是成正比的。

摩尔根在说他发现小型翅膀果蝇时，并没有透露其数据，因为他无法解释这样的事实：虽然小翅膀和白眼是"受限于性别"的，或者说是性连锁的，但这两种性状有时又各自分离。换言之，即母蝇在一条染色体上携带白眼或小翅膀，其所发生的雄蝇有3种类型：一种是带普通眼睛和小翅膀的；一种是带白眼和普通翅膀的；还有一种是带普通眼睛和普通翅膀的。

后来，摩尔根对这两种显性基因不能一起分离的现象作了这样的解释：也许它们在X染色体上所处的位置不是很近。如果在减数分裂过程中这两个X染色体像其他各自染色体一样交换了基因，那么，染色体上距离得远的部分就有可能进行交换，而对靠得很近的两个基因来说，这种交换就不大可能了。由此，摩尔根"发明"了遗传学上的两个重要名词：交换——染色体之间相互交换基因的过程；连锁——因子处在一起的倾向。

从科学史角度看，摩尔根提出的这种"交换"，曾有萨顿、威尔逊等提及过，但摩尔根和他的学生斯特蒂文特为此提供了遗传证据，并进一步提出了一个重要看法：即基因之间的距离（仅为2.54厘米的几万分之几）以及它们的次序，是可以从遗传交换的结果加以推算的。独立分离的程度越大，则处在同一条染色体上的基因相距可能相远；完全独立的分离，就意味着这些基因处于不同的染色体上，或是处在同一染色体上，但间隔甚远。

斯特蒂文特曾说：到1911年后期，他"突然"理解到连锁强度的变化（而此前，摩尔根已将其归因于基因之间距离的不同了），可为测定一个染色体的线性循序提供可能。于是，当晚他在家里绘制出一张染色体图。这张图包括性连锁基因y（带色身躯）、w（白眼）、v（朱红色眼睛）、m（小翅膀）和r（退化的翅膀），其排列与标准图上的次序相同，其距离也大致接近。

于是，摩尔根和他的伙伴们开始测量，更确切地说，是开始由基因交换频率来推算所有突变基因彼此之间的距离。他们精心推算，所绘的染色体图，甚至在半个世纪之后的遗传学研究中，仍保持原样。测得的距离单位，被后人称之为"摩尔根"，如斯特蒂文特发现黄色身躯的果蝇基因，距离白眼基因1.5"厘摩尔根"。

1913年，当摩尔根确信染色体实验具有重要意义时，就立即撰写了《遗传与性》一书。1915年，他与3名年轻同事斯特蒂文特、布里奇和米勒合著出版摩尔根最著名的一本书：《孟德尔遗传原理》。该书总结了果蝇的全部研究工作。它第一次尝试把遗传学的全部内容与染色体的行为统一起来。书中证实了孟德尔定律及其例外情况，并用基因对这些现象作了解释；基因是可见的染色体的基本构成部分，它们呈直线排列成条型；在遗传研究中，基因的行为与染色体行为完全相互关联。基因成对，染色体也成对。每对中只有一个传给任一子代中。基因存在于与染色体的数目和大小相一致的各连锁群中。

摩尔根染色体的理论，很快获得了世界遗传学领域内的至高评价。科学家韦丁顿称这种理论"体现了想象力的巨大飞跃，比之伽利略和牛顿毫不逊色"；达林顿则认为，摩尔根是第一个借实验作桥梁，填补了那条传统的、总是将卵和躯体、精神和物质分开的鸿沟。摩尔根染色体理论的产生，开创了人类建树史上的一个伟大奇迹。

《孟德尔遗传原理》逐步被文明世界的大部分人认为言之凿凿；在美国，各种荣誉对着摩尔根纷至沓来。霍普金斯大学授予摩尔根法学荣誉博士学位，并成为国家科学院院士。1927年成为国家科学院院长；被任命为英国皇家学会的外国会员。这些荣誉为他日后获得各种基金会的奖金提供了重要条件。事实上，各种荣誉中，最适合于他的，莫非是生物研究事业中的，而对各种行政职务及其本职之一的教书，人们实在不愿做任何恭维。他教书的态度依然如故。学生们不难发现，他在从课堂向实验室的途中，常常呵欠不止。对待行政职务，他似乎也毫无激情。他曾与哥伦比亚大学同事邓恩说道：你得学会远离走廊，因为走廊通常会把你引到会议室里去。他曾问邓恩："你的办公室里有几把椅子？"邓恩说："有两把。"摩尔根摇摇头说："那是一个错误。那里只应该有一把椅子，而坐在那把椅子里的，应该是你本人。"

摩尔根是这样说，也是这样做的。他的办公室里没有"多余"的椅子，他坚忍不拔地在果蝇室里工作了15年之久。而这15年的工作实践，却折射出科学发展史上永不褪色的光芒。

果蝇室里快乐的集体

在人类文明的发展史，一个不足60平方米的果蝇室能成为人们心中一尊辉煌的宝座，这不仅得益于它的主人摩尔根，还得益于这尊"宝座"中的所有成员。

摩尔根在召集果蝇室家庭成员时，颇有知人之明而毫无势利之心。聚集在他周围的一群学生，不论在独当一面的研究中，还是作为整个项目的一分子，都表现出超凡脱俗的智慧和能力。斯特蒂文特和布里奇斯，是摩尔根在临时接替一位教授所教的普通动物学课堂上遇见的。这两个学生当时还没取得学位，并都未满20岁。

斯特蒂文特曾写过一篇关于赛马皮毛颜色的论文《纯种跑马家系的研究》，这篇论文受到摩尔根的垂青并帮他得以发表。接着便安排他在果蝇室从事计数工作。如果人们知道斯特蒂文特是个色盲患者，便定能体会到他在辨别果蝇新色素突变种方面所付出的艰辛。但他是个出色的有心人，两年内，他就拟出了基因在染色体上的线性排列，绘制出染色体图，从而为染色体理论的研究和发展作出了无法沽量的贡献。

然而，绘制染色体图，还仅仅是这个21岁的青年的第一个贡献。接着，他提出了复等位基因的解释，并推断出倒位的存在；倒位时，一小段染色体断裂，颠倒后再重新接上。这一推断在此后的15年，借助于巨带状唾腺染色体而得到证实。

1910年，年轻的大学生布里奇斯被摩尔根安排在实验室里刷瓶子。他在尽心完成本职工作的同时，从不放过一个观察、思考和研究的机会。他曾透过厚厚的玻璃瓶，发现了一个朱红眼突变种，这是一种多数人即使用显微镜也很难鉴别的颜色差别。此时，摩尔根立即指定他为自己的私人助手，薪金由摩尔根自己掏。布里奇斯不断地发现出各种突变种一些稀有的遗传类型。他还从中推断有一对染色体没有分离，并称之为"不分离现象"。到1938年他去世以前，一直是摩尔根的一位亲密同事。

在摩尔根的指导下，斯特蒂文特和布里奇斯俩修完了学士学位，并开始攻读博士学位。17年里，他们的主要工作就是为哥伦比亚大学数果蝇。

摩尔根对待斯特蒂文特和布里奇斯就像父亲一样，特别是布里奇斯，他总是孩子气地惹事。这个小伙子主张自由恋爱，并将他所宣扬的这种恋爱观付诸实践，滋生出不少花边新闻。但摩尔根从不议论一个人的政见、宗教信仰或私生活等，对布里奇斯，他也坚持着这一原则。在性的问题上，摩尔根本人近乎传教徒，但他去为布里奇斯的种种"丑行"辩护，并说这些并不影响他在实验室里的地位。

果蝇室里还有一名很出色的学生，那就是米勒。他曾在康奈尔大学学医，后又回到哥伦比亚大学完成了博士学业。作为《孟德尔遗传机制》一书的合作者，米勒在了解基因之间的相互作用方面，曾作出了很多重大贡献；他还证实了X射线能使突变频率激增150倍。这一新发现使得他在1946年获得了诺贝尔奖金。

果蝇室里还有一位杰出成员，那就是威尔逊。他在1932年第六届国际遗传学大会上曾说："我过去不是，现在也不是遗传学家，承蒙大家的厚爱，我才当上了遗传学家。但当我自夸在遗传学领域内取得的成就时，你们一定会感到惊奇，这是一个我没有因此而得过任何报酬的成就。40年前，我发现了一位新的、超众出众的孟德尔式的人物，此人就是大家很熟悉的本届遗传学会尊敬的主席——托马斯·亨特·摩尔根。"

果蝇室里的气氛，也与其成就一样特别。第一个来果蝇室从事高于博士级研究工作的欧洲研究生托维·莫尔（莫尔的夫人）刚跨进果蝇室，她发现年轻的斯特蒂文特躺在椅子里，嘴里叼着烟斗，两只脚翘在写字台上正与摩尔根进行着研究辩论。莫尔夫人见此感到很惊讶。但当托维·莫尔熟悉了这里的情况后又说："这班人工作起来就像一个人。他们每个人都进行着自己的实验，同时又很清楚别的人在干什么。而且，他们对每个新的结论都进行坦率而激烈的讨论，很少去注意谁该有优先权，也很少考虑新想法、新解释出自何人。"

在摩尔根指导下学习过的人，对他与同事学生间无拘无束地相处的关系，都印象至深。他甚至帮助被反锁在厕所隔间里的同事从门楣上翻出来。

小小的果蝇室，虽有很多方面令外来者难以接受，但摩尔根却非常喜欢。里面摆满八张写字台，还有一张餐桌，挤得满满的。在那张餐桌上，专门有一人来制作培养基。起初，培养基取自烂香蕉，按果蝇的胃口发酵，但气味过于刺激，不断引起生物系其他人的埋怨；随后，摩尔根发现香蕉汁比香蕉要便宜；再后又发现市场上的食物效果很好，而且更合算。室内还有一方可旋转的方柱，柱上有染色体图，还标有不同染色体类型。

靠近实验室门边，挂着一串香蕉，这是用来引诱从牛奶瓶里逃生出来或从垃圾箱里孵化出的杂果蝇的。这串香蕉与实验关系重大，几乎是神圣不可侵犯的，但有一次，威尔逊却伸手摘吃了一个。为此，摩尔根与他的学生们曾作过一次玩笑式的报复。有一次，威尔逊为了给他的一本书封面拍照片，他特地找来了一只鸵鸟蛋。照片还没拍，摩尔根便和他的学生们将这只鸵鸟蛋做成了蛋饼。

用英国遗传学家威廉·贝特森的话说，这个实验室是绝对的肮脏，气味也实在难闻。实验室里因为要存放果蝇的培养基而招引来大量的野生动物，里面有成群的蟑螂。20年代与摩尔根在一起工作的斯特恩曾深有感触地说：

"那时，在果蝇室工作，精神上确实备受鼓舞，但我每次打开办公室抽屉时，总要静候一会儿，以便让蟑螂有机会跑到暗处去。还有一次，我看见一只老鼠窜过来，我一边叫要摩尔根注意，一边发现，摩尔根一不小心已将这只老鼠踩死。"

摩尔根的这种做法实际上为实验室省了不少钱。他在花费学校基金时的吝啬与掏自己腰包时的慷慨，当时被传为美谈。装果蝇的容器是临时凑合的，实验室里还有好多设备也是如此。手柄放大镜也只是逐渐地被简单的显微镜所代替；而显微镜上的电灯罩，却是用白铁罐头盒制成的；屋顶漏水时，就在地板上放上水桶接水；天冷了，也只是到果蝇们冻得实在受不了时，才要会摆弄点发明创造的布里奇斯做一个简单的恒温器。实验室成员提议引进新设备时，常常受到摩尔根的反对。

当果蝇实验出了名时，很多外地同行想得到果蝇品种，摩尔根总是很慷慨地满足他们。但他并不是单单在慷哥伦比亚大学之慨，而是期望果蝇实验室能得到慷慨的回报。为了实验，他曾写信给威斯康星大学的科尔，向他要一批鸽子，但他又说："我不打算付钱，也不打算付运费。果蝇室一直满足着世界各地对果蝇的要求，但我连一张邮票的钱也没要过。所以，请你把鸽子寄给我吧。"

作为一名实验科学家，最令其痛惜的无非是破坏或损伤他的实验体。一个冬天的黄昏，果蝇室附近的一家体育馆着了火。摩尔根立即从屋里冲出来，但消防警察阻拦着旁观者，不让他们靠近。但摩尔根说服了警察，越过警戒线，一口气爬上六楼，直奔位于顶层的果蝇室。摩尔根已无法把瓶子搬出这幢大楼，但他火速将瓶子转移到大楼离火较远的另一端。转移结束时，大楼里已被烟火熏得令人窒息，摩尔根这才离开大楼，站在旁边看望，直到体育馆大火被熄灭。所幸火势并未蔓延，果蝇终于安然无恙。

对于这样一个脏乱的实验室，无疑，摩尔根是习惯，甚至说是欣赏的。他生来就显得粗枝大叶、漫不经心，或许是接受了他那位丧身疆场的叔叔的不少基因。他喜欢开玩笑，喜欢使别人吃惊，除了实验，好像对什么都毫不在乎。有时找不到皮带，他就用一条绳子系住短裤；有次他穿的一件短上衣，竟然没有一颗钮扣。还有一次，他偶然发现衬衫上有一个很显眼的破洞，他要办公室里的人用浆糊把一片白纸贴在破洞上。他的装束因过于随便，而有好几次被实验室新来者误认为是看门人。

在果蝇室里，他常常衣冠不整地站在一张堆满各种邮件的桌子边，拿着一柄珠宝商用的放大镜数着果蝇。邮件堆得太多而影响做实验时，他就顺手把这些邮件推到紧挨着的一个学生的桌子上。但他一走出实验室，学生又把这堆邮件推回原处。如此推来推去，直到有人替摩尔根将这些甚至有的还没回复过的邮件全部扔进垃圾箱。

不管谁到果蝇室所在的谢默霍恩大楼，都会发现摩尔根总是一如既往。慕名而来与摩尔根商讨血型遗传机理问题的科学家利文曾说，当他看到这位伟大的科学家在果蝇室吃午饭的情景时，感到很吃惊。周围都是乱糟糟的，摩尔根用自己的双肘夹着自己身体的两侧，好像一直在躲避着身边环境的侵扰。

果蝇室使来自世界各地的遗传学研究者们感到出乎意料的震惊。俄国科学家杜布赞斯基来到美国，本以为声名已如雷贯耳的摩尔根会像神一样地出现在他面前。正当他小心翼翼地静候之际，摩尔根的出现让他惊呆了。摩尔根不修边幅，态度随便，没有任何形式的礼仪，甚至连实验室工作服也不穿。

1915年，摩尔根的《孟德尔遗传机制》发表后，接着的实验，又使摩尔根及其合作者们获得了一大批新的、令人瞩目的发现。他们发现有一半雄性果蝇没有接受白眼基因，而是接受了致死基因，所以成活的正常雄果蝇与雌果蝇的比例成了1∶2。于是，摩尔根及其合作者们认为，这种反常的性比率可被解释为是由伴性致死基因所致。他们还发现了一种被称为"干扰现象"的实验结果，即只要在同一染色体的注意一点上发生交换，那么，第二次交换就未必会发生在挨近第一次交换的地方。

他们还发现，交换并不发生在雄果蝇身上。布里奇斯证明，交换频率的高低随母蝇的年龄而异。他所发现的不分离现象，是摩尔根及其伙伴们最引人注目的早期发现之一。这一早期发现，扫去了对染色体假说理论持怀疑态度者心头的疑云。

在对不分离现象作进一步研究时，摩尔根他们又发现果蝇具有不同的染色体数，如有的带有7条，有的带有

9条，有的带有10条。用XX－XY染色体解释其性别的决定作用时，对带有8条染色体的果蝇来说是足够的，但对于具有不同染色体数的果蝇来说，这种解释就显得欠缺了。接着，布里奇斯提出了性平衡理论。根据这一理论，Y染色体并不决定雄性。如果是两对常染色体（并非性染色体），那么，在有一个X染色体时，不论带不带Y染色体，都为雄性；而在有两个X时，不论带不带Y，都为雌性；而有3个X时，不论带不带Y，都为超雌性。如果是3对常染色体，那么，在有一个X时，则为超雄性；在有两个X时，则为中性；在有3个X时，则为雌性；而在有4个X时，则为超雌性。

直到目前为止，生物学中有关性别的见解，主要就是来自哥伦比亚大学的研究。这种见解确认，在带有成对染色体的生物中，在哺乳纲、线虫纲、软体动物门、棘皮动物门、大多数节肢动物以及雌雄异株的植物，雄性是异配性别。而在鳞翅目、蛾类、大多数爬行动物、原始的毛翅目、某些两栖动物、一些鱼类、一些桡足亚纲以及也许全部鸟类中，雌性则是异配性别。大多数鱼类是没有染色体性别决定机制的，而在某些种类中，至今还不能确定性别究竟是怎么决定的。事实上，关于人类的性别，是直到1960年才确定——XY为男性；XX为女性；不带Y的单个X产生不育女性；而不带X的Y则为致死因子。

但很多从外地来的研究者一开始很不适应在果蝇室里工作，因为在这里需要极强的独立自主的实验品质。摩尔根也要求并希望所有的工作人员知道自己应该去干些什么，以及怎样去干。然后，他才放手让他们自己去做。但是，这位已大名鼎鼎的科学家总是控制不住对实验的狂热激情，他会不由自主地站在你背后，盯着你手头的实验，并现场指导、答疑。在所有的实验研究中，他总是一位协调人。

在哥伦比亚大学的最后几年里，摩尔根的实验室取得了累累的学术成果。他在果蝇室内所起的作用，也正如他的学生斯特蒂文特所说，对果蝇室里的其他研究人员而言，摩尔根提供了取之不尽的支持、鞭策和保护。这种作用使得整个果蝇室成员团结协作，共同提携。不可否认，这是取得重大科学成果所不可缺少的良好氛围。

总之，在果蝇室里，摩尔根取得了作为一名遗传学家所取代的最高荣誉。1915年出版的《孟德尔遗传机制》一书，对年轻的科学家们来说，是一本遗传学的入门之作，1925年，他与学生布里奇斯及斯特蒂文特合著的《果蝇遗传学》，成了遗传学研究者们的必读之作。他的研究发现，成为整个现代遗传学发展的基础养料。

年逾花甲创建新学部

　　1927年，61岁的摩尔根已在哥伦比亚大学工作了近1/4个世纪，他已到了该大学规定的强制性退休的年龄。此时摩尔根的成就已足以让一个科学家心安理得地过完舒适安宁的晚年生活。但是，摩尔根对科学实验的兴趣仍一如既往，他仍在思考进化论中的一个难题：基因是如何引起进化的，基因与进化到底有无联系等等。揣着这些问题，摩尔根离开哥伦比亚，来到加利福尼亚理工学院。在这里，这位杰出的科学家再度赢得了令世人瞩目的至高荣光——诺贝尔奖。

当时，加州理工学院行政负责人、物理学家罗伯特·A·米利肯是位于1923年获得了诺贝尔物理学奖金的了不起的人物。此时的加州理工学院已发展成为世界物理科学的研究中心之一。他为该校积累了一笔丰厚的捐款。1927年，物理、化学、地质以及航空等学科与工程学相结合，世界各地的一流学者纷纷被吸引到这里来。摩尔根就是被邀请来创办另一个新的学部——生物学学部的。最新的协议是：摩尔根将作为这个新学部的主任任职5年，即从1927年至1933年，到那时，他可以自行引退，也可由大学理事会来辞退。但第一任结束后，摩尔根对新的学部所取得的成就并不满足，希望能继续留在加州理工学院工作，而学校理事会对他的工作也很满意，于是又让他担任了第二任学部主任。1938年，当第二任任职期满时，摩尔根已72岁。此时，他又请求工作4年，并得到学院的允许，也即自61岁离开哥伦比亚大学后，摩尔根在加州理工学院一直工作到76岁，1942年才退休成为该学院的名誉教授和主席。

1927年7月，摩尔根在对加州理工学院情况不甚了解时，便答应担任生物学学部主任。但他请求加州理工学院让他在哥伦比亚大学再逗留一年。在这一年里，他开始为加州理工学院拟定新的规划，包括如何从哥伦比亚大学挖走生物学研究的精华人物。

摩尔根认为，像加州理工学院这样的高校，其中心任务应该是研究，而不是教学。而且，这种研究应该是："纯研究"，不受任何实际应用所制约。而在这样一所高校中创办生物学部，就意味着该学科的研究工作既要严谨，又要是分析性的。它不必搬用霍普金斯大学或哥伦比亚大学已设的那些课程，在课程设置上，可以另辟蹊径。于是他删去了形态学一类的课程，巧妙地将果蝇室与那不勒斯研究所两家的长处融在一起，强调生物学与物理、化学相互合作。他说："只有确切了解在发育过程中的化学和物理变化，我们才能期望把有关发育的研究提高到一门精密科学的水平上来。"

有了这种指导思想后，摩尔根对新建的生物学学部开设的课程作了大胆改革，他把遗传学与进化、实验胚胎学、普通生理学、生物物理学、生物化学纳入开设计划，其余如心理学等，视日后形势再定。对于科研和教学的具体形式，摩尔根想在聚集到各种最优秀的人才后，按其各自的兴趣和特长再来决定。

鉴于这种原因，摩尔根到加州理工学院的第一年，在积极征求几个拟建学科建议的同时，只开展了一个遗传学系的工作。他把哥伦比亚大学果蝇室里的布里奇斯、斯特蒂文特及俄国的杜布赞斯基带到了加州理工学院。

作为一名一向大大咧咧、不拘形式的科学家，让他接受一项学部主任的"乌纱"，无疑是一种考验。摩尔根说自己一直想拼命摆脱这种行政事务上的纠缠。同时，他又整日提心吊胆，怕做出令一些朋友感到不满的错事、蠢事。而就其本人而言，他更喜欢、更善于独自一人在果蝇室这种俱乐部式的环境里搞研究。他的这种思维甚至影响他对企业联营经营现象的反感态度。他的女儿伊丽贝尔——后来成为国家基金会小儿麻痹症小组的微生物学家，常常与父亲辩论说，要进行任何有价值的科学研究，靠单枪匹马是不行的。而摩尔根却不以为然地非难她沾上了"洛克菲勒的企业思想"。

当加州理工学院新的生物学部建筑才完工一部分时，摩尔根便领着他在哥伦比亚大学的几名伙伴和一大群果蝇来到了这里。他们因陋就简，先在别的办公室和教室里挤了几个月。

由于他在使用集体资金时特有的吝啬，所以，对实验室需添购大量的仪器设备，摩尔根确实伤透了脑筋。他的文件柜实在装不下新来的资料了，于是他便想了这样的办法：每隔五年便焚毁一次资料档案。对后人来说，这对档案管理是件十分痛心的事，可能物质条件匮乏而又没有如今电脑储存信息的年代，我们也完全可以理解摩尔根不得已而为之的良苦用心。

为了尽可能地减少费用支出，加州理工学院生物学学部所在的每一层楼只装有一部电话机，整个大楼也只配一名秘书。有个远道而来的科学家向摩尔根要一箱装果蝇的瓶子，虽然每只瓶子还值不到一分钱，但摩尔根就是舍不得给他一只新瓶子，而是花费了足足两个小时的时间在实验室里搜索旧瓶子。实验室成员之一的比德尔为了给实验室添置一台显微镜物镜，他曾精心选定了一个星期天，去海滨的胚胎学实验室找心情最愉快的摩尔根。当时，这种显微镜物镜只值90美元，但比德尔知道，除了这种机会，一般情况下，摩尔根是不会同意的。

作为一名组织者，摩尔根在加州理工学院生物学部开展的工作是大量而又卓有成效的。限于篇幅，不可能一一道尽，可我们可以从比德尔的研究工作中窥其全豹。比德尔研究生毕业后，便来到加州理工学院摩尔根麾下，开始研究果蝇的杂交工作。1933年，他与访问学者伊弗鲁西两人开始提出这样的疑问，即斯特蒂文特曾提到的朱砂眼突变型在一个雌雄嵌合体上回复成正常眼颜色的现象，可能是研究基因遗传作用规律的一条线索。由于基因对于眼睛的作用似乎受到周围环境的制约，于是他们就这样假设，能否在变化着的环境里，从研究多种多样的眼睛突变型中，来弄懂基因作用的问题。他俩试着用外科手术把一只突变型幼虫的眼睛芽体切除下来，将它移植到一只野生型幼虫的体腔里。当这只寄生幼虫经过变态，并成为一只成熟的果蝇时，将那只移植的寄生眼睛切除掉，这样就可以观察到它的颜色变化情况。

　　比德尔与伊弗鲁西作出这种推测后，极想筹到一笔资金，以便于到巴黎去学习器官移植技术。比德尔试着向洛克菲勒基金会求援，但遭到拒绝。正当他们一筹莫展之时，他们突然得到从加州理工学院寄来的1800美无。比德尔断言，这笔钱是来自摩尔根的私人腰包。

　　比德尔他们得到这笔资金后，很快赶赴巴黎的生物理化学院。他们深感摩尔根对于重要工作的直观识别力和促使这一工作得以顺利开展的决心。他们来到巴黎后。一位研究绿头苍蝇变态的学说权威给他们迎头泼了瓢冷水，断言他们对果蝇进行器官移植是行不通的。可实验结果表明，比德尔和伊弗鲁西成功了。他们发现，在大多数突变型眼睛芽体发育成预期的突变型颜色时，朱砂色和朱红色芽体都变成了正常红眼的颜色。比德尔和伊弗鲁西认为，这并不是由眼睛色素本身的遗传结构所决定，而是由身体的一些其他部分所决定。他们推断，一些物质从野生型组织扩散到移植的眼睛里去，使它成为天然的野生型颜色。

　　大量的进一步实验表明，对这种现象的唯一解释，可能就是存在着一种特殊基因控制着代谢的步骤，而每一个步骤又都被另外一种特定物质所控制，这种"特定的物质"就是酶。

　　摩尔根还从哥伦比亚带来过一种叫红色面包霉的真菌。此前，纽约植物园的道奇博士曾用这种真菌做过一种遗传学实验，结果虽然失败了，但他却建议摩尔根把这种真菌作为一种比果蝇更好的生物来加以研究。摩尔根采纳了这一建议，并把这一任务交给了一名叫卡尔·C·林格伦的年轻研究生。林格伦接受这一任务后，开始致力于这种菌的许多遗传学问题的研究。由于这种菌的遗传特性正被了解清楚：用X射线或紫外线照射霉的子囊孢子极易引发突变；加之这种真菌在特定的最低培养基上可以生长，并能人工合成它所必需的物质，因而，生化突变型便很容易用它们不能生长这一现象进行鉴定。继而，就能通过添加物质来刺激其生长的实验，鉴定促使其不能生长的物质到底是什么。

实验中用射线刺激产生了380种突变型。然后，用这些突变型进行交配，又产生出6.8万个以上的子囊孢子。林格伦对这些子囊孢子进行了逐个检查，终于发现这样一个令整个生物学界震动的结论：基因对控制特定生化反应酶的合成起着主要作用。1958年，这项研究继1946年米勒获得第二个诺贝尔遗传学奖金后，成为这个领域里第三个诺贝尔奖金的获得者。

在这里，摩尔根本人的研究，似乎显得较之以前更为轻松愉快了。他的新住宅就位于生物实验室对面，住宅附近还建有一座温室。摩尔根夫妇俩每天早晨一同去实验室工作。午饭后便坐在住宅的院子里晒太阳。在这一时间里，摩尔根总是一边阅读书报，一边惬意地抽着雪茄。结束一天的工作后，便为妻子摘一朵红红的玫瑰花。到加州理工学院后不久，摩尔根便形成了这种自由自在的生活规律。不过，此时他得把自己的时间分成两半，一半搞研究，一半搞行政管理。

平平淡淡攀上荣誉制高点

1933年的一天中午，摩尔根一如既往地坐在院子里，平静地阅读着当年美国最流行的冒险小说《安东尼的不幸》。突然，邮差送来一封电报，说在艾尔弗雷德·诺贝尔诞辰100周年纪念日的日子里，托马斯·亨特·摩尔根由于他杰出的染色体遗传理论的研究成果而被授予了诺贝尔奖金，这是生物遗传学领域内首次获得诺贝尔奖金。

对一群正埋头实验的合作者来说，摩尔根获得诺贝尔奖金的消息似乎突如其来，可在此之前，摩尔根由于染色体遗传理论的研究工作已被多次提名授予奖金。一次是

1919年罗斯·哈里森提名的；另一次是1930年奥托·莫尔博士提名的。莫尔博士那时已是奥斯陆大学的校长。他的提名之所以被否决，乃是当时人们认为遗传既不是生理学又不是医学。第三次提名的，便是1933年卡尔·兰茨坦纳。兰茨坦纳是位免疫学家、医生和诺贝尔奖金获得者。

面对这一荣誉，摩尔根的态度是极谦虚的。他说，这是对实验生物学的肯定，而不是对某个人的表彰；要是果蝇的成员不是4个人的话，这笔奖金或许就被授给整个果蝇室了。因为按规定，诺贝尔奖金不得由3个以上的人共享。他认为他的研究是协作性的，因此成果不能被认为是个人的。于是，他把这笔免税的4万美元奖金均分发给他自己的孩子以及布里奇斯和斯特蒂文特的孩子。他没有将奖金分发给米勒的孩子，对此，摩尔根也从未提起过原因。

这一年的12月10日，是诺贝尔诞辰百年的纪念日，如按通知要求，摩尔根应去斯德哥尔摩出席这个盛大庆典并领取资金，可摩尔根决定放弃这个机会。这位伟大的科学家不喜欢公开露面，他平时不修边幅的习惯使得他十分厌恶那种乔装打扮的做客场面。

　　他告诉诺贝尔奖金评选委员会，他将在下一年夏天去领奖金，因为"这里正在筹建一个新的生理学班子，而且，这里不久还要筹建一个新的遗传学方面的生物化学班子。鉴于这种情况，我现在务必留在这里。"除此之外，加州理工学院生物学部实验室里的一项重大发现也是深深吸引摩尔根的一个重要因素。这个实验发现，在果蝇和其他蝇类幼虫的唾液腺中重新发现了巨大染色体。被放大2000倍的巨大染色体曾在1881年被巴比亚尼发现，并作了报道但之后就被人们遗忘了。1933年1月和12月，又重新被三位研究者发现，这些无疑成了摩尔根理论推测的实物佐证。摩尔根的染色体遗传理论，其中大部分都是推理性的。这种推理很少直接借助于染色体，甚至有关染色体交换的细胞学方面的证据都不充分。现在，科学家们可以在唾液腺染色体硕大而显眼的区段上看到这些变化，这可谓是他们梦寐以求的奇迹。这种巨大染色体显示出许多微小的横带，它们提供了一条独特的途径，科学家们可以通过这条途径来证实或否定连锁图，以及假定的所谓缺失、重复及倒位等现象。

　　显然，这是对摩尔根理论推测的严峻考验。这些新观察到的现象能否定或证实摩尔根业已形成的遗传学理论？能否定或证实多少？摩尔根还能不能继续维持他在这一领域内的领先地位？

在这种时刻，要摩尔根放弃这些实验来写一份获奖演说词，恐怕是不可能的，更不用说要他去北欧发表这一演说了。

因此，摩尔根对这一突降的最新荣誉，似乎与他对往日那些塞在案头抽屉里的荣誉证书以及掉在办公桌后面精心书写的奖状一样，显得平静而冷漠。加利福尼亚理工学院的同事们，是从前来实验室对摩尔根进行采访的新闻记者那里获得有关摩尔根获奖消息的。他家除了妻子以外的成员，是通过看报纸获得这一喜讯的。报纸上方刊载着他允许摄影记者拍下的唯一一张照片。在照片上，他站在一群左邻右舍的孩子们中间。摩尔根看到这张照片时，曾诧异地问："是谁为我梳的头发？"

为了对这一喜人消息表示祝贺，加州理工学院理事会还送给了摩尔根一箱受禁的威尔忌酒。

1934年4月，摩尔根和他的妻子以及他最小的女孩伊沙贝尔（当时已23岁），一起乘火车去东海岸，并在那里乘坐麦杰斯蒂克号轮船去欧洲。到纽约时，他们曾在瓦伦·威弗博士家过夜。威弗曾回忆说：那天晚上，这位近代遗传学之父出现在他家门口时，就像往常一样穿着一件又脏又旧的轻便大衣，一个口袋里放着用报纸包好的梳子、剃须刀和牙刷；另一个口袋里则放着用报纸包好的一双短袜。

威弗夫人见状，显得有点吃惊。摩尔根则反问说："难道还需要别的什么吗？"

当时，摩尔根一头的黑发已开始变白。但他身高183厘米，身材笔挺。他有一双湛蓝的眼睛，看上去很健康——他好像从来不生病，直到11年后，才发现他患有消化性溃疡病（后来，他就是死于此病的）。这次外出，他是想好好玩个痛快的。他平时也是这样，一旦离开实验室，便玩得痛快淋漓。

威弗夫妇从家中拿出一瓶特地收藏的白兰地来庆贺这次见面，摩尔根对此一把接过酒瓶，把它抱在怀里，快活得像个婴儿，并脱口称赞："这个日子，应该来点白兰地。"

席间，当威弗夫妇听说摩尔根才67岁时，不禁问道：

"你不是说你是1865年诞生的吗？"摩尔根风趣地答道："不，我是1866年出生的，1865年是我成胎的年份。"

在瑞典的斯德哥尔摩，摩尔根作了题为《遗传学对医学和生理学的贡献》的演讲。演讲中对医学只不过敷衍式地讲了几句。在摩尔根看来，除了在遗传学上具有的贡献之外，很难看出在别的方面的价值。在对医学的态度上，摩尔根与大多数美国遗传学家一样都不太关心。这种不关心不仅表现在理论上，在现实生活中，也是如此。有一次，他的女儿伊沙贝尔患扁桃体结核病。一个刚刚当上医生才一个月的博士托维·莫尔劝摩尔根带伊沙贝尔去看医生，摩尔根却说："喔，不要紧的，你不就是我们的医生吗？"

但是，这篇演讲稿在基因控制的可能机制方面，却作了一种精彩的推测。他说："假如像遗传研究通常听说的那样，假如基因在所有的时间里一直都在起作用的话，假如一个生物的特征是受其基因所控制的话，那么，体细胞为什么又不完全相同呢？"

摩尔根还说："当我们在讨论卵发育成胚胎时，也会碰到同样的问题。卵好像是一个未分化的细胞，它必须要经历一系列既定的变化，直到发展成为不同的器官和组织。卵细胞每次分裂之后，染色体都正确无误地纵裂成完全等同的两半。于是每个细胞就会有同类的基因。那么，为什么一些细胞变成了肌肉细胞，一些变成了神经细胞，还有一些则又变成了生殖细胞呢？"

"到了上个世纪末，这些问题的答案似乎已比较简单了。卵的原生质在不同的水平上显然是有差别的。据说，各处细胞的命运，是由卵的不同原生质部位的特异性所决定的。"

"这种见解与基因一直都在起作用的观点是一致的；发育的最初阶段是基因的相同产物与卵的不同部位之间的反应结果。这似乎为发育作了一个令人满意的说明，即使它并没有给我们一个有关这类反应之所以会发生的科学解释。"

"但是，还有一种不可忽视的见解，那就是如同胚胎经历发育的各个阶段一样，不同的基因组是一个接着一个开始起作用的。这一先后顺序可被假设为基因链的一种自动控制特性所决定的。由于没有证据，因而这种假设并不能被视为一种满意的答案。但在卵的不同部位，也许会发生一种反应，这种反应存在于位于那些部位里的原生质与细胞核里的特定基因之间；某些基因在卵的某一部位所受到的影响要大一些，而另一些基因则在别的部位所受到的影响要大一些。这种见解也许提出了一种纯粹是形式上的假设，以解释胚胎细胞的分化，其最初阶段的情形可能是卵的局部构造造成的。"

"基因最初反映的产物，似乎会影响它们所在细胞的原生质。此时，这种变化了的原生质反过来又会作用于基因，引起另外的或是其他基因组的活动。如果这是确实的话，这将对发育过程作出一种令人满意的描述。"

摩尔根在76岁时退休后，加州理工学院生物学部的主任职务并没有人立即接任。但在1942年至1946年间，斯特蒂文特以生物学部教务会主席的身份主持了学部的工作。1946年，比德尔从斯坦福大学返回任学部主席，直到1961年。

摩尔根退休后，加州理工学院仍保留着他在校园内的办公室和实验室。在伍兹霍尔，他还拥有一个海洋生物研究所，那是加州理工学院买下、并在摩尔根的指导下装配起来的。每逢星期日，便由一位年轻教师开车，行驶将近一小时后，将他带到这个研究所。每周其余的6天，他就在加州理工学院的实验室里工作。

果蝇研究的世界中心，在研究开创者退出场后，仍继续开展着大量工作。当摩尔根已把主要精力用在其他类型的研究工作上时，斯特蒂文特、布里奇斯以及加州理工学院遗传学系里的其他许多人，甚至包括摩尔根在内，都仍然一如既往地从事着果蝇的研究工作。摩尔根之所以发生这种精力上的转移，就像他去做一位行政领导一样，他认为果蝇室人员已对遗传学研究作出了最大贡献，而有待进一步去摘取新成果，是应从物理、化学及人口遗传学角度去着手。

可以说，摩尔根对加州理工学院生物学部的研究工作作了周密部署，但他对这种研究并不是全盘满意。比如有次在一个研究班的讨论课上，遗传学家伯恩斯坦用数学方法证明了ABO血型的位置上有3个等位基因。课后，摩尔根提问说，如果避开数学方法而采用谱系分析与推理，能不能获得同样的结果？伯恩斯坦答道："从理论上推测是可以的，但事实上行不通。"

对于这些不愿苟同观点的科学家，摩尔根以海纳百川的气度予以包容。他凭着自己几乎没有偏差的直觉，认定了那些他不一定理解、也不一定喜欢的事情的价值。加州理工学院生物学部继续如一块巨大的磁铁，吸引着当时世界上最有才华的科学家。遗传学研究的进程在不断向前延伸。

1937年来到加州理工学院的马克思·德尔布吕克曾说："我选择加州理工学院，主要是因为该校在果蝇遗传学方面拥有世界上最棒的研究实力。"当布里奇斯和斯特蒂文特在继续绘制果蝇基因图时，比德尔正在红色面包霉上做文章；德尔布吕克则在一种更小的生物——一种细菌病毒上细细耕耘。摩尔根呢？他又折回头来，研究他曾在20世纪初期便着手研究过的生物，并重新研究再生和分化，特别是性分化等基本问题。

摩尔根虽已年逾古稀，但他在实验研究中却保存着旺盛的生命力。他研究了蝾螈随季节变化而发育起来的第二性征、海量叉枝的再生、两种不同地理类型小鼠间的杂交，活的"金甲虫"在颜色上迅速发生变化等问题。在方法上，他最后的实验似乎类似于最初的实验。

实验的内容，被摩尔根源源不断地整理成各种论文。

在他的一生中，共发表专著21部、论文370篇。他的最后两本著作发表在20世纪30年代初期。一本是《胚胎学与遗传学》，该书旨在分别论述胚胎与遗传这两个问题。将这一生物学的研究分成两个部分阐述，这在当时是不可避免的，因为玻璃海鞘并不适合于遗传学研究；而果蝇则不适合于胚胎学研究。另一本是1932年发表的《进化的科学基础》，书中没有一处含有数学内容。在这本专著中，摩尔根用了一章的篇幅专门写获得性遗传问题。他解释说："花很多时间去批评一种已被人们广泛接受的学说，似乎有些令人难受。然而，假如我们不想再蒙受感情的愚弄，那么，我们必须发挥科学的作用，即破除有害的迷信，而不应顾虑这些迷信对某些人具有多大的吸引力。"他说："人类存在两种遗传过程：一种是通过生殖细胞的自然连续；另一种是借助于实例，或是用语言和文字，把上一代的经验传授给下一代。"

接着，摩尔根避开优生学，对文化继承倍加赞扬。他说："所有的人生而自由平等，这一信条应有这样的含义，即人们应被允许自由生育。"

可见，摩尔根退休后的表现，反映出他永不满足，勇于开拓的可贵精神，他风尘仆仆地赶至加州理工学院创造性地开设了一个不分专业、与正在飞速发展着的物理学、化学甚至数学紧密结合在一起的生物学研究新天地。科学发展史证明，正是这一创造性系科的设置，才不失时机地把细胞遗传学引向了可以像物理学和化学那样分析性地进行研究的精密科学的方向。如今的遗传学，也正是沿着这一方向发展起来。

慈祥的"老马"

　　无论是西方的影视剧作还是反映西方人生活的人文景观，都使中国人产生这样的直觉：夫妇游玩极少携带孩子，更难见抱孩子的场景，好像他们天生就对孩子缺乏亲情。可摩尔根给人的感觉却不然，他既是个伟大的科学家，同时又是个好丈夫、好爸爸。

　　摩尔根在霍普金斯大学攻读研究生学位时，实验室所使用的伍兹霍尔海洋生物实验室成了很多致力于生物学研究者热衷向往的地方。这里既有紧张的研究，又有活泼的娱乐。年轻人们用装满水的纸袋进行决斗，男生们则用活的大螯虾来装饰自己，由于年轻人越聚越多，这里便成了联姻"胜地"。有一次，威尔逊硬是把不愿放弃手中实验的摩尔根拉出实验室，将自己在希林马尔所教的一名最得意的女学生介绍给了摩尔根。这名女学生就是莉莲·沃恩·桑普森，她对胚胎学很感兴趣。但自那以后，她对摩尔根也感兴趣了。

两人由此进入恋爱阶段。但摩尔根认为，一个人在结婚前应当有所造就，并且应具有坚实的经济基础。这或许也是他感到订婚所必须具备的条件。

1903年，他在与莉莲相识几年之后，终于订婚了。莉莲是1887年进入布林马尔学院的，她是威尔逊最早、也是最得意的生物学门生之一。1891年毕业后，她在苏黎世学习生物学和小提琴。1894年，她取得了布林马尔学院的硕士学位。她曾与朋友们一道在亚利桑那住了将近一年。不过，通常她都与抚养她的祖母一起，住在宾夕法尼亚的德国城，并尽可能地在布林马尔学院中逗留。在这里，她一边听课学习，一边在实验室里进行她自己的胚胎学实验并做实验示范表演。

莉莲与摩尔根订婚时，她已34岁，摩尔根当时已36岁。莉莲3岁时父母双亡，于是她便与祖母伊迪丝相依为命。当她从布林马尔学院毕业后结婚时，莉莲实际上又一次成了"孤儿"。莉莲的姨母们和祖父母见她深得摩尔根的恩爱过得美满幸福时，都感到十分欣慰，莉莲很快成为摩尔根家庭里忠实的一员。

订婚后不久，莉莲曾经给摩尔根的母亲写信说："当我想到您与汤姆之间深沉的母子之爱时，我真是百感交集，自惭形秽。因为，我知道，作为他的妻子——一个如此敬爱他母亲的人的妻子，她必须接受的是何等重大的托付。尽管，我一天比一天更深地爱他、敬他，但我明白，我尚未完全理解他。我指望着您帮助我懂得如何才能使得他过得更幸福。"

就在这个寒冷的、经常细雨绵绵的春季，摩尔根每周都要放下他从来舍不得中止的工作，从布林马尔到附近的德国城去一趟，因为莉莲与姨母就住在那里。开始时，他总是乘火车去那里。后来，天气转暖了，他就改为骑马去。

当年4月，他给莉莲买了一颗白色钻石。莉莲写信告诉她未来的婆婆说："我一直过得很愉快，而现在生活似乎是如此地充满着欢乐与幸福，连考虑其他事情的时间与余地都没有了。"

他们将婚礼定在6月举行。因此，摩尔根曾这样告诉莉莲，在5月中旬以前，你无须去考虑有关结婚事宜的细节。至于他自己的态度，莉莲回忆说，"他像所有的男人那样，只是任其自然。"

婚礼规模很小，到场的大多是家里人。婚后不久，新婚夫妇即乘上火车，到加利福尼亚太平洋丛林中的海洋生物研究所去了。这是摩尔根第一次到西部旅行，是一次两位生物学家的蜜月。

秋天，他们搬到纽约。在那里，摩尔根的研究生们都提前开始注册入学。在业余时间里，摩尔根和莉莲总是一起在池塘边寻找生物，还为他们租来的房间配备家具。每天上午，莉莲在对厨师嘱咐一番并做一些家务杂事之后，就穿过几条街道，来到哥伦比亚大学校园内的谢默霍恩大楼，在摩尔根的实验室里与丈夫一起工作一两个小时。

摩尔根的生活程式似乎毫无变化，冬季进行学术活动；夏季在伍兹霍尔度过。但其生活质量已大不一样了。他发现莉莲是一名理想的妻子，她总是替他接待、处理一些杂务琐事，使他免受实验之外的事情打扰。他还发现，他再也不必亲自去钉一个钉子，或学开汽车，或是整理衣箱了。

莉莲会阅读摩尔根的手稿，懂得并确切领会他实验工作中最复杂的细节。尽管她自己也是一位科学家，但婚后她所优先考虑的事情是十分明确的。一是托马斯·亨特·摩尔根；二是不久将要出世的孩子；第三才是她在实验室中的工作。

由于有了这个妻子，摩尔根在实验中的工作更为专心致志了。

在哥伦比亚大学的13年时，摩尔根夫妇添了4个孩子。这对生物学家为他们的孩子珍养了许许多多的小动物；购置了一所房子，后来又新建了一所，还添置了大批行头。

摩尔根的粗枝大叶、不拘小节的品质，使得他能把许多私人杂务处理得很好。这无疑是给莉莲的生活提供了诸多依靠，但莉莲总是千方百计地让他尽量不被卷入那些琐事中去。

刚到哥伦比亚大学时，摩尔根夫妇的住宅离谢默霍恩大楼的实验室只有5分钟的路程。莉莲与汤姆几乎形影不离。摩尔根偶尔到野外旅行时，莉莲也总伴在左右。

在实验室里，莉莲总是在不妨碍别人的情况下，在一旁做着自己的实验。晚上回到家里，夫妇俩总是面对面地坐在桌子两头奋笔而书。在尚未进行果蝇实验的那一段，摩尔根与莉莲的业余时间好像还比较多，他们经常走亲戚，与生物学界的同行聚会、进餐。莉莲还常常劝说丈夫与她一道去参加音乐会，摩尔根则教她去滑冰。

婚后一年，莉莲怀孕了。摩尔根的母亲得到喜讯后，赶紧送来了摩尔根小时候睡过的花梨木小摇篮，并自己动手为即将临世的孙子缝制小衣服。

1906年2月22日，他们的长子霍华德·凯·摩尔根在纽约市出世。他很讨人喜欢，并打扮得很漂亮。做奶奶的担心大大咧咧、马马虎虎的儿子不会带孩子，经常询问儿媳妇。莉莲却写信告诉她说："就像他始终是个好儿子和好丈夫一样，汤姆是一位理想的好父亲。"摩尔根经常把小宝贝逗得不可开交，于是莉莲不得不忍心作出这样的决定：孩子上床时，父亲不准进育儿室。

即使添了孩子。莉莲还照样抽时间去实验室。她在给婆婆的信中曾说："这里有好几个人在汤姆的指导下搞研究，我就是其中的一个。"但她不像以前有劲头，因为小宝贝出世时，她已经36岁，而且，孩子的出世，无疑使他们的生活又多了一个忙乱和兴奋的因素。

同时，摩尔根正准备在离实验室大约1千米多的伍兹霍尔桑迪克劳山的巴扎德湾大街旁一大片马铃薯地建造一所大的住宅。这是一所为了工作，也是为了越来越大的家庭而建造的房屋。起居室很大，它的一部分可作为会客厅，此外，还有6间卧室、两条走廊，三层楼上至少有4个供女仆用的房间。这些女仆，一直是摩尔根全家生活中一个重要的组成部分。因为摩尔根一家每年要去伍兹霍尔消夏，他的学生和纽约的友人也经常要来进进出出，更不用说一些高贵的宾客和来访者了。据说这栋房子里留宿的客人最多时达到17人。

1907年夏天，摩尔根全家和几个学生、一个女仆以及霍尔德的奶妈一起搬进伍兹霍尔刚完工的新住宅。此时，莉莲同她自己的奶妈已先在海湾对面的一家小旅馆住下了，等着第二个孩子的出世。

摩尔根从紧张的工作中，不时抽空乘船去探望莉莲，并告诉她有关伍兹霍尔实验室的工作和小霍华德的情况。1907年5月25日，第二个孩子——伊迪丝·桑普森·摩尔根出世。显然，这个女孩是以莉莲的妹妹的名字命名的。

第三个孩子莉莲·沃恩和第四个孩子伊莎贝尔·梅里克，分别是于1910年1月和1911年8月出生的，这两个都是女孩。

摩尔根曾与他的一位同事说过，他有三次差点给他的孩子命名为"果蝇"。但由于摩尔根一家对世家的姓氏十分看重，所以才不至于出现下一代"果蝇"。

到1911年，摩尔根的果蝇实验进入了一个激动人心的阶段，他的整个生活都随之发生了巨大变化。他停止了早先十分喜欢的外出旅行。他曾说："你应看得出，拖着这么一大堆小家伙，我怎么能出门旅行呢？"事实上，"小家伙多"或许只是一个借口，因为莉莲可以将这些孩子带好并为他收拾所有的行李。同时，摩尔根一家也免去了不少社交活动。对于任何邀请，摩尔根总是重复那句同样的话："莉莲，你把孩子们带去，我得去实验室。"

借助于仆人们照料孩子，莉莲却不忘像往常那样拜访朋友，特别是那群拉小提琴的朋友。她对在家里召集的每周一次的科学讨论会也很感兴趣，她悄悄地一直保持着自己的文化爱好和政治信仰。特别是在政治信仰方面，她一直小心翼翼地不让丈夫知道她所参与的活动，否则，摩尔根会不同意。她对国际聪明组织十分热衷，在内心深处，她是一位热忱的妇女参政鼓吹者，她参与这些活动的大部分方式是出钱，而不是出力。隐瞒丈夫，那是为了尽量不干扰摩尔根的工作；出钱不出人力，乃是为了尽量挤出时间去支持摩尔根所从事的复杂的科学实验。

摩尔根的作息时间表，是其全家关注的中心之一。他每天都起得很迟。等孩子们忙完之后，他便独自一人进早餐。接着便步行去实验室。中午，他回家与家人一起午餐，然后又返回实验室埋头工作。5时，他便准时与一群同事，在哥伦比亚体育馆碰头，一起打手球。摩尔根与一帮上了年纪的老队员，会经常耍弄与他们进行比赛的新学员。摩尔根很爱好体育运动，总是玩得很痛快。一小时后，他便回家，有时身上还经常带点伤痕和青肿。然后，全家人一起进晚餐。而摩尔根总是在吃饭前，先喝上一杯威士忌。在禁酒买不到威士忌时，他就用干果自己酿酒。

吃完晚餐，他便和孩子们在一起心情愉快地玩耍。当孩子们还小时，他跪爬着像一匹慈祥的老马和他们玩；当他们渐渐长大，并会提出一些问题时，他总是耐心地予以回答。孩子们上床时，他经常为他们讲一些精彩的故事。他给霍华德讲的，多是侦探或西部牛仔惊险故事，而给伊迪丝、小莉莲及伊莎贝尔这3个小女孩，则常讲一些仙女之类的故事，在讲述过程中，还经常插入一些知识性的解释。

当孩子们再大一点时，他让他们玩各自的游戏，但自己却守在一旁陪着他们。这时，他经常一边留神照看在地板上嬉戏的孩子，一边阅读一些《科学》等一类的杂志。当孩子们入睡后，他便回到自己的书房。

摩尔根的书房设在大楼的最上层，他在这里，一直要写到深夜。在这段时间里，莉莲总是守在一旁，她坐在睡椅上，或者阅读点什么，或者缝补衣服，或者写点什么。但她从不打扰他的工作，他们就喜欢这样在一起。

逢到星期天，摩尔根下班后就不去打手球了，他会从实验室直接回到家里，这会令孩子们感到十分高兴。但他们全家都不上教堂，摩尔根和莉莲对于宗教都不是很热心。当宗教阻碍了学术发展时，摩尔根常常勇敢地与之斗争。

显然，摩尔根是十分热爱他的家庭的，但作为一名科学家，他的精力是放在一些特殊的事情上的。晚饭时，他有时会坐在餐桌边一声不吭，思考着当晚该写的书或论文。

最令孩子们快乐无比的，是圣诞节，这一日子摩尔根是不会忘记的。他领着全家步行到阿姆斯特丹大街，为孩子的选购圣诞树，并扎上精致的彩球和小蜡烛。也只有到了这时，他才为孩子们购买这些东西，因为这时购买是比较便宜的。摩尔根让孩子们屏息等待着圣诞老人的出现。

圣诞老人穿着一件用毛皮滚边的红色浴衣，腆着大肚子，一绺长长的胡子飘飘洒洒。孩子们印象极深的是，圣诞老人有一双炯炯有神的蓝眼睛，他十分大方地把背在肩上的大口袋里的礼物分发给大家。其中有些礼物别有用意，如剪刀是给全体孩子的，上面附着一张纸条，要大家剪开口角，意即劝孩子们不要争吵。而每当这时，孩子们总是感到有点惋惜，那就是爸爸怎么不早一点从家里带他们出来见见这位大好人。

在这期间，摩尔根每年在上完课后，都要安排一趟从哥伦比亚到纽约的旅行。可为了这次旅行，莉莲要做上好几个星期的准备工作。

在整理行装时，楼上常一字排着七八只大箱子。箱子里整整齐齐地排放着衣裙与尿布，其中还有一只箱子里放的是摩尔根要看的书籍，这只箱子的重量常常使搬运人员望而生畏，因为把它从五楼搬下去后，不久还要把它再搬上来。还有一只箱子总有一半是空着，因为摩尔根往往在临行前最后一分钟能想出半箱子要带的东西。

虽然在整理行装时已经花了这么多时间，可时间花得更多的，却是在实验室里。摩尔根对实验室的每样东西，好像都爱不释手，他小心翼翼地把果蝇装进旅行瓶子里，并在瓶底放上足够它们旅途中享受的香蕉泥。

学期终于结束，摩尔根一家也上路了。拖家带口，较之于摩尔根与莉莲婚后第一年外出旅行的情状，这真是别有风味了。一大早，马车拉着行李，全家人朝地铁走去。孩子、佣人、随带的花草、金鱼和鹦鹉，还有兴奋得不服管的长毛猎狗，熙熙攘攘，好不热闹。随即，便会从实验室那边涌来送行的同事和学生，他们已为摩尔根旅行中的实验准备好了关在笼子里的小鸡啦、小老鼠、大白鼠，还有那一瓶瓶果蝇。年龄大点的孩子则帮着拿一些瓶子。这些果蝇虽被用瓶子装走，但却要在纽约留下一部分；旅行结束回来时，又要留一些在伍兹霍尔，因为摩尔根怕在旅途中果蝇有闪失。摩尔根安全到达的第一件事，便是打电报告诉助手，果蝇已安全到达。只有到这时，留在家里的果蝇才能处理掉或任其死亡。

摩尔根一家将先乘船到鳕角，然后再坐火车去伍兹霍尔。一家人将在船上吃着预先精心准备好的、装在一只大篮子里的晚饭。莉莲会大声地规劝着嬉闹的孩子们，因为他们都感到异常的兴奋。摩尔根则要不时地查看随身带来的动物是否安然无恙。

即便是旅行，摩尔根也毫不放松对科学的研究。在伍兹霍尔，他每天早饭后骑自行车去实验室。中午，他回来与大家一起去游泳。家里人和客人无一例外，都得一起去。午餐是全家人团聚的时间。在这一个小时里，大家和睦相处。一小时结束后，摩尔根返回实验室。晚饭回家吃，跟孩子们玩一会儿后，便看书写作一直到深夜。

杰出的成就，平凡的家庭

在伍兹霍尔，摩尔根的父母及妹妹每年夏天也到这里。但此时，父亲查尔顿已在美国税务署谋到他的第一个固定职业，因此他只能在此逗留一个很短的假期。在这期间，他和儿子之间似乎比以前处得要和睦一些，他为人们如此对待摩尔根的态度而感到自豪。摩尔根也总是把他介绍给伍兹霍尔的一些南方人。年龄稍大的孩子都能记得这位喜欢他们的高贵的祖父。但查尔顿在列克辛敦卧病不起时，最年幼的伊莎贝尔还只是个婴儿。4个月后，即1912年10月10日，这位曾为南部邦联奔杀疆场的老战友与世长辞了。在次日为他举行的葬礼中，很多南部邦联的老战友都前来参加了他的葬礼。

父亲死后，摩尔根的母亲与妹妹内莉与摩尔根的家庭关系更为密切了。莉莲对婆婆与姑姑也一直很有耐心，倍加呵护。她们母女俩身体都很娇弱，但她们都与摩尔根一样有一双充满魅力的蓝眼睛。她们带着装满漂亮衣裳的箱子来到这个不舍穿戴的家庭，还带来了一些美丽的传说和故事，包括其家族中的权威人物约翰·亨特·摩尔根那段家喻户晓的传奇式经历。

父亲死后，摩尔根与弟弟小查尔顿之间的关系也有所变化。孩子们都喜欢这个很少为人提起的神秘的叔叔。他曾在亚巴拉马州的伯明翰经营一家洗衣店。他与未婚妻玛丽·廷克莱帕曾订婚20年，直到廷克莱帕的患病妈妈去世，他们才结婚。小查尔顿于1935年3月即婚后不久便让廷克莱帕成了寡妇，撒手人寰。

1925年1月15日，摩尔根的母亲病逝。当地报纸对她的死作了报道，并当之无愧地称她是"淑女"。讣告则这样赞扬她："摩尔根夫人在列克辛顿所度过的一生中，素以南部邦联战士及其家属的朋友和慰勉者见著。她是一名虔诚的基督教徒。她几乎完全献身于她丈夫为之奋斗、一家人曾因之受累的事业。她是南部邦联妇女联合会首任主席之一。"

摩尔根与莉莲闻讯，双双专程回列克辛顿奔丧。肯塔基的一些亲戚，这才第一次见到托马斯·亨特·摩尔根。

母亲死后，小内莉就成了住宅房的房东，她靠这些房租过完了她独身的一生，直到1956年1月24日去世。

莉莲在只有两个孩子的时候，总是没法在实验室工作几小时。她作了一个安排严密的时间表，把家务事托付给三四个仆人。但到40多岁。已有4个孩子时，她便退出了实验室。但她仍坚持天天阅读科学文献，并密切关注着果蝇实验工作的进展。她的大部分精力都用在使摩尔根尽量免受家庭和生活本身的干扰，她还承担着教育孩子的大部分责任。她教姑娘们缝衣服；教霍华德做木工活，她自己在未嫁摩尔根时，曾为别人设计过各种家具。她让两个年幼的女孩小莉莲和伊莎贝尔在家里一直待到9岁和7岁，才开始上小学三年级。为什么这样做，莉莲认为，在那寒冷的冬季，将孩子们整日关在房子里真太可怕了。孩子们全都上私立学校，莉莲鼓励所有的孩子学音乐，尽管她认为这些孩子们没有音乐天才。她自己则一直坚持每星期都拉小提琴，而且还有一位朋友为她钢琴伴奏。

摩尔根一家的生活一直是很舒适的。除了薪金、著作版权收入和讲课所得的报酬之外，摩尔根夫妇均有股票和债券的收益。但摩尔根从不炫耀他优裕的经济状况。他常常衣衫褴褛，甚至连一些慷慨的义举也往往隐姓匿名，只重实质效果与作用，而抛弃一切形式的扬名。他的家庭虽然富裕，仆人众多，但持家十分节俭，如摩尔根为孩子们购买圣诞礼品时，常常是已到了圣诞之夜，因为只有到那时，圣诞礼品才削价便宜些。

1920年，摩尔根得到了有生以来的第一个休假年。这使他们全家第一次有了一个长时间、远距离的外出旅行。在太平洋园林，阳光似乎显得格外灿烂，家中往日那份严格的作息时间表不管用了。在这里，他们还买了家庭第一辆小汽车。霍华德与母亲对照着指导手册的说明，开始学开这辆奥弗兰牌轿车。霍华德很快就成了一名合格的驾驶员。摩尔根对此却没兴趣，在他看来，完全可以让他的妻子或学生开车将他送到他想去的地方。

小汽车对莉莲和孩子们来说，是一种梦寐以求的自由。在这一休假年中，他们住着租来的房子，按照新的时间表作息，进行了一系列的野营旅行。可摩尔根在这其间只参加过一次，他总是借口说手头的工作放不下。孩子们发现，只有他保持着在家时的生活习惯：晚饭后，点上一支雪茄，躺在摇椅上，先是浏览杂志，到夜深人静时，他便挑灯写论文。

1921年，他们回到纽约，一切生活规矩照旧，可莉莲感到，这下她要少操劳多了，因为4个孩子都已上学，家里的一切都已由仆人们料理得好好的。自此，她又回到实验室。

莉莲每天几乎要在实验室工作5小时。早晨，孩子们上学走后，她便与摩尔根一道步行上谢默霍恩实验楼。中午回到家里，同两个最小的孩子在一起吃午饭。

在实验室，有些事情使莉莲和哥伦比亚大学生物系的女研究生们感到不是滋味。她们不被允许在果蝇室里间工作，而是在外面的外围地带工作。由摩尔根主持的星期五生物学夜读会也不允许女研究生参加。莉莲在实验室里，并没有她真正的位置。她不是学生，也不是摩尔根的助手，也难说是摩尔根的同事，这种处境使她难免有点尴尬。她的工作没有报酬，但她有自己独立的研究课题，这种课题与摩尔根及其他研究室成员的研究项目有着密切的联系。

这时，莉莲已年过半百，从外表看，她已成了一位相当严峻的妇女。她常常留着朴素而向后梳的头发，戴着一副夹鼻眼镜。许多学生对她有点诚惶诚恐，不知该在实验室里与她如何相处。但渐渐地，学生们发现她的事业心颇强，心地也很善良，为人大方。莉莲与摩尔根不一样，得通过一段时间的熟悉，才能与她热乎起来。后来，大家发现，她就像母亲一样照顾着一些学生的妻子，尤其是那些外国学生的妻子。由此大家也便发现，她是很多学生的好朋友。

她凭着女性特有的细腻，在那个乱哄哄的果蝇室里起着积极的作用，有一次，大家发现显微镜下一种新的果蝇突变种突然不见了，于是便在地板上四处寻觅。可莉莲很快在窗口找到了这只果蝇，因为她断定这只果蝇是被麻醉后苏醒过来的，因为果蝇有趋光性，所以她毫不犹豫地来到窗口边寻找。她找到的这只突变种果蝇，在后来的实验中证实了布里奇斯的性决定平衡理论，这一理论并不只是看X或Y染色体的存在，而是还要看受精时X染色体与常染色体之间最终的平衡情况来决定性别。莉莲对这一发现当然是感到颇为兴奋的。

由于一直喜爱并参加体育运动，所以，摩尔根的身体一直很健康。1931年秋天，当他65岁时，在一次车祸中，一块汽车挡风玻璃碎片刺进了他的背部，一位过路医生立即将这块碎片在伤口里固定住，从而减缓了出血。在此后的两个月中，他经受了疼痛、出血和被迫休息的痛苦，直到次年年初，才重新回到实验室。

摩尔根患有十二指肠慢性溃疡病。但他对病痛从不抱怨。莉莲常常根据他的食欲好坏来判断他在实验室里工作的劳累程度。他紧张的工作与生活，常常导致他体内的各种不适，这种不适直接会引发病痛，这一点，摩尔根及其全家都很清楚，但他们从来不加议论。

1945年，病魔更加猛烈地侵袭着这位科学家的身体，但他不把它当回事。作为一名科学工作者，最可贵品质要素恐怕就是实事求是了，但摩尔根违心地拒绝承认自己有什么病痛或可能会有什么大毛病。但在这年11月，他开始胃出血时，他被迫住进帕萨迪纳的亨廷顿纪念医院，并召回他所有的孩子。12月4日，摩尔根动脉破裂，一代遗传学巨星陨落了。

摩尔根去世后，莉莲忍住了自己的悲痛。她不断抽出一些时间去看望每一个孩子。此时，霍华德和伊迪丝都已成家。伊迪丝返回学校，并成了一名理疗专家。二女儿小莉莲嫁给了科学家亨利·W·谢尔顿，她自己是一位社会医务工作者。小女儿伊莎贝尔完成其微生物学博士学位论文后，在巴尔的摩从事有关脊髓灰质炎课题的研究。1946年，她证明使猴子对脊髓灰质炎具有免疫能力是可能的，这是一个重要发现，它表明人类用免疫法预防这种疾病是可能的。后来，伊莎贝尔嫁给了科学家约瑟夫·蒙顿。

不久，莉莲回到加州理工学院对面的家里，并继续做她的实验工作。1952年，她被确诊患了肠癌。她在病床上写完了最后一篇论文。当她在人间弥留的最后几分钟里，医生问她还有什么说的，她说："没有了，我想人人都会理解的。"

在近代遗传学的研究中，摩尔根成了当然的领袖人物。作为一名遗传学家，他将被世人永远铭记，这是毫不为怪的，但他却自认为是一名实验动物学家。在博物学上，他能鉴定所见到的任何标本。但由于他的主要时间用在了遗传学研究中，因此他无暇为胚胎学的研究奠定更多的基础。但他在胚胎学研究中，发展了梯度学说，辨明了再生的两种过程；发现了神经组织的存在对再生是必要的，并阐明了再生不是一种适应的现象；他还研究了影响卵细胞的各种因素等。对于给科学家的评价与定位，摩尔根反对"贴标签"式的做法。对于他本人被世人明白无误地贴上遗传学家的标签，他并不满意。他认为，这种"贴标签"的效力非同小可，以至于他作为遗传学家的种种见解，即使是错误的，也往往被人们不加深究地接受；而作为一名胚胎学研究者的种种合理见解，却往往被 人们简单地加以摈弃。

摩尔根在评价自己成功的要素时，提到一个具有优越条件的班子，对事物持怀疑的态度和勤奋。事实上，他还有两点很可贵的品质，一是认准重要问题而撇开任何无关紧要问题的能力。他曾说："（获得这些惊人的发现）靠聪明运用假设。所谓聪明，就是如果找不到决定性的证据去证实这样的假设的话，那就赶紧放弃它，寻觅有利的材料。"显然，摩尔根这种对纷繁材料的取舍，靠的就是具有"撇开任何无关紧要问题"的能力；二是他执意要办似乎办不到的事情的毅力。他在实验中遇到很多问题，在讨论交流时，很多人认为办不到或很困难的事，他居然都能想方设法去办。用他自己的话说，那就是："不错，是困难的，但并非绝不可能。"

另外，摩尔根特有的个性，在他取得如此辉煌的业绩中，也应是一个不可忽视的因素。这种特有的个性形成了他独特的魅力。他不事虚饰，头发乱蓬蓬的，有时用细绳缚短裤，想做的事就立志要做到，绝不屈服于他人的见解，态度平易，作风民主，幽默大气等等。这为果蝇室内的工作，创造了良好的团结协作，互相提携的气氛。

在中国人看来，摩尔根所具有的西方人的科学思想，是他取得重大科学发现的必要前提。摩尔根取得令人激动的发现时代，正值我国大清光绪统治时期。这一时期，中国的传统科学已从鼎盛的金字塔尖走向衰落，其中原因固然很多，但一条已为大多数人所接受的，便是中国传统自然科学发展取向上的"实用性"，严重制约了这种传统的自然科学向近、现代科学的飞跃。如中国古人研究天文，乃是先看到了某种自然灾害，为了避灾，就来研究各种天象。于是，他们又将各种天象附会成各种说法，要人们根据"天公"的喜怒哀乐来行事。进而，"天"又被附会成"天子"，于是，便自然生成"天人感应"的一套"理论"。也即，研究天文，要么为农业生产，要么为社会统治，具体而实用。这与西方人研究天文、在行星发现上，追寻"天堂的音乐"之类的带有极强娱乐式的抽象假设有着本质的差异。如摩尔根在科学研究中，曾做过这样一个实验，一只蟹的背上粘着另一只蟹，任其到处爬行，中间还放有一块镭的碎片。摩尔根可能是想用镭来引起某种突变。可要是在中国，这种实验会被绝大多数人看成是一种无人能领悟其宗旨的游戏。操作者不是科学家、学者，而是精神上或许有点毛病的不正常的人。

再如，摩尔根发现被截断的蚯蚓会重新长出被截断的部分，进而想弄清原委，于是进行了一系列的再生研究并取得重大发现。要是在中国，很可能被简单地认为这与皮肤被划破后能结痂愈合是一个道理，并也仅此而已，一答了之。

再如对卵细胞与精子的研究以及长寿问题，这是东西方都很热衷的研究课题。摩尔根写道："当一个动物长到它这一种类的特定大小时，它就停止生长了，好像其体内的细胞已丧失了再生长的能力。但很多动物能长出其丧失的部分，这表明生长的停止并不是由于丧失生长能力的缘故……是什么促使它生长？又是什么促使它停止？改变这些条件，会不会可以延长其生命？"由这个提问，摩尔根开始研究外界环境因素对细胞发育的影响，而且也取得了一些可喜发现。

而中国人对"延长生命"的研究，则炼了几千年的丹，练了几千年的气功。炼丹中有一种用少女初潮之物制成的"红铅"，说饮服了"红铅"，便可延寿。现代科学研究的结果表明，这几乎是一种无稽异想。

过于强烈的实用思想，导致了科学思想方面的形象性和具体性，而近代科学技术的发展是离不开抽象的理论做指导的。因此，就与摩尔根同时代的中国人而言，不仅很难从他那个角度提出遗传学问题，更难走出他那条特殊的"实验"之路。

由此我们认为，摩尔根给人类留下的，不仅是生物遗传学和胚胎学方面的宝贵遗产，他独特的科学思想，也是后人，尤其是中国人值得深入研究的宝贵财富。

避开科学研究与科学思想不谈，摩尔根是个守旧的人，在他的一生中，他似乎没有意识到这种守旧与他的研究有什么关系。当人们为庆祝第一次世界大战休战纪念日而纵情狂欢时，果蝇室的同事们都与市民一道，去市中心参与焚毁德皇模拟像的活动，而摩尔根却留在实验室里，他似乎仍刻骨铭心地记得其父亲为战争曾经付出的代价，他可能赞同战略指挥家谢尔曼将军所说的"战争就是地狱"的思想。他的朋友罗斯·哈里森曾请求他参与签写一份请愿书，要求释放被关在狱中的德国老百姓，其中包括遗传学研究同仁理查德·戈德施米特，却遭到摩尔根的拒绝。

但被他视为分内之事的实验生物学、从事纯研究等，他却是不遗一丝余力的。这一点使得他在那个神秘主义、狂热幻想家辈出的年代里，成为一座科学研究的诚实性的灯塔。他只信奉那些基于观察的假设，这使他揭示了自然界的许多奥秘。摩尔根凡事不失其文雅的风度、谦逊的态度和热忱的情怀，以及他经久不衰的幽默与欢快，这些使得他的那点守旧与消极，成为碧玉之瑕，难掩其光耀千秋的丰功伟绩。

世界五千年科技故事丛书